SALEM

Y Llun a'r Llan
Painting and Chapel

SALEM

Y Llun a'r Llan
Painting and Chapel

TAL WILLIAMS

CYHOEDDIADAU BARDDAS

Cynnwys

Cyflwynedig i
Siân Eirian a Gareth

Cyhoeddwyd gan Gyhoeddiadau Barddas
Argraffwyd gan Wasg Dinefwr, Llandybïe

ⓗ Tal Williams
Argraffiad Cyntaf – 1991
Ailargraffwyd: 1992 (2), 1993, 1996, 1997, 1998, 2001

Contents

Ar hyd y canrifoedd y bardd a'r cerddor, yn hytrach na'r arlunydd, a ddylanwadodd drymaf ar ddiwylliant ac ymwybyddiaeth genedlaethol y Cymry. 'Roedd — ac y mae — rhyw swyn di-ben-draw i glustiau'r Cymry yn y gynghanedd y gall geiriau neu nodau cerddorol ei chreu, gan gyffroi eu teimladau a deffro rhyw ymateb hiraethus, synhwyrus. Ac eto, ar ôl dweud hynny, dyma gyfrol sy'n canolbwyntio ar *un llun* yn unig, y llwyddodd yr arlunydd drwyddo i gyffwrdd â chalonnau cenedlaethau o Gymry am ei fod, mewn rhyw fodd, yn symbol o Gymreigrwydd. Yng nghorff y llyfr fe eir i'r afael â'r hyn a olygir wrth hynny, ond digon yw nodi yma taw *Salem*, ac i raddau llai *Diwrnod Marchnad yn yr Hen Gymru*, yw'r unig ddarluniau poblogaidd sydd fel pe baent yn mynegi'n groyw rywbeth am ein harbenigrwydd cenedlaethol. Er bod a wnelo'r arbenigrwydd hwnnw â'r gorffennol — â doe yn hytrach na heddiw — eto, a barnu oddi wrth boblogrwydd y llun, pery Cymry heddiw i weld rhyw arwyddocâd yn y gwerthoedd a bortreëdir neu a awgrymir ganddo. Llun yw y gellir aros uwch ei ben gan ymateb dro ar ôl tro i ryw elfen neu fanylyn na thynnodd sylw o'r blaen. Hynny yw, mae ei gyfeiriadaeth yn gyfoethog, ond ni

sylweddolais i, yn wir, pa mor gyfoethog ydoedd nes darllen y gyfrol hon. Mae ôl ymchwil, amynedd, llafur cariad a dychymyg yn blaen ar y gwaith, ac o'i ddarllen mae'n siŵr gen i y bydd pob darllenydd, fel minnau, bellach yn canfod lliwiau cyfoethocach, a digon annisgwyl efallai, yng nghampwaith Curnow Vosper, *Salem*.

Victor John

Cyfoeth unrhyw fro yw cael prifathro na fodlona ar gyflwyno stori'n arwynebol ddigefndir. Rhaid iddo ymchwilio'n barhaus er mwyn dod o hyd i'r darlun cyflawn i'w osod gerbron ei blant. Yn aml, fel yn yr enghraifft hon o hanes *Salem*, try'r ymchwil yn ysfa iddo, a'r plant wedyn sydd ar eu hennill bob tro oherwydd trylwyredd y gwaith. Ar ben hynny, mae canfod yr ysfa yn troi'n esiampl i'r plant hwythau geisio efelychu athro a mwynhau ymchwil.

Dyna fu hanes yr awdur hwn. Canlyniad yr ysfa gasglu ffeithiau yw'r gyfrol fechan hon sy'n olrhain hanes darlun a fu, ac a bery, yn addurn ar wal y cartref Cymreig.

Norah Isaac

Down through the centuries it is the poet and the music-maker, rather than the artist, who have deeply influenced the culture and national consciousness of the Welsh people. There was — and there still is — boundless delight for Welsh ears in the harmony that words or musical notes can create, a delight which excites the emotions and sets up a chain of evocative images. And yet in spite of all this, here is a book which deals solely with *one picture* which succeeded in touching the hearts of generations of Welsh people, because somehow it seemed to be a symbol of Welshness. In the course of this book, this aspect is dealt with at length and I need only note here that *Salem*, and, to a lesser extent, *Market Day in Old Wales* are the only popular pictures which seem to make unequivocally a statement about our distinctive nationality. Although such a distinctive trait has to do with the past — with yesterday rather than today — yet, judging by the picture's popularity, Welsh people today still see some significance in the values that are portrayed or suggested by it. It is a picture that one can return to time and time again and discover a new detail, a new element. In other words, it is rich in its associative qualities, but I had not realised how much so until I had read this book. The marks of scholarship, research, patience, imagination and a labour of love are evident in its compilation. After reading it I am sure that everyone, like myself, will perceive much richer — and sometimes rather unexpected — hues in Curnow Vosper's masterpiece *Salem*.

Victor John

A headmaster who does not find satisfaction in presenting any story superficially, and without the background, is a boon to any community. He is one who needs to pursue adequate research to enable him to present to the children a full and composite picture. Often, as in this example of the history of *Salem*, the research takes a hold on him, and all this to the benefit of the children. As the children observe the enthusiasm and thoroughness of their teacher's research, they are ready to emulate him.

This little volume is a fine example of such diligence, and is a valuable background explanation of a picture which has endeared itself to the Welsh family home.

Norah Isaac

Canlyniad i siom yw'r llyfr hwn. Fel teulu, 'rydym yn hoff iawn o ymweld â hen eglwysi a chapeli, a byddwn bob amser yn ceisio prynu llyfryn neu daflen sy'n amlinellu hanes yr adeilad er mwyn ei werthfawrogi'n hwyrach. 'Roedd cymaint o ramant yn perthyn i Salem pan welsom ni'r capel bach hynod am y tro cyntaf nes i ni ddweud fod yn rhaid i ni gael rhywbeth i'n hatgoffa am yr ymweliad.

Wedi holi cawsom ar ddeall nad oedd neb, yn y ganrif hon, wedi cofnodi hanes yr achos, a rhaid oedd dibynnu ar lun Curnow Vosper, a'r lluniau o'n camera ni, er mwyn crwydro'n ôl mewn amser. Wrth ymweld â'r Llyfrgell Genedlaethol yn Aberystwyth i ymchwilio ar fater arall, fe ddangosodd Alun Jenkins ffeil fechan i ni ar *Salem* y darlun — a dyna'r unig gymhelliad yr oedd ei angen arnom i'n hysgogi i fynd ati i groniclo hanes y capel hynafol a champwaith godidog Vosper.

Mae Iris, fy ngwraig, wedi adrodd y stori am *Salem* i gannoedd o blant ar hyd y blynyddoedd, ond o safbwynt y darlun yn unig, gwybodaeth a gafodd yn y lle cyntaf wrth draed Norah Isaac yng Ngholeg y Barri. Ac i Norah mae'r diolch am blannu'r hedyn a dyfodd yn ysfa i chwilota ymysg y pethe.

Cafwyd sêl bendith y Parch. W. Idris Selby a Mrs Janet Hayward, Gweinidog ac Ysgrifenyddes Salem, ac 'roedd yn amlwg fod pawb y buom yn ymgynghori â hwy yn awyddus iawn i weld y llyfr yn dod i fodolaeth. Ein bwriad o'r dechrau, wrth gwrs, oedd ysgrifennu llyfr a fyddai o ddiddordeb i Gymry a Saeson, yn ddwyieithog, a chredwn fod arddull yr iaith yn addas i ddysgwyr hefyd.

Mae fy nyled yn fawr i'r llu cyfeillion a fu mor barod eu cymwynas i ni wrth baratoi'r llyfr, gan gynnwys cwmnïau. Gwelir manylion eu cyfraniadau ar dudalen 92. Rhaid yw diolch i Janet Hayward am ei brwdfrydedd wrth gynorthwyo gyda'r chwilota a'r holi, ac am awgrymu llwybrau pellach; i Alan Llwyd, Felindre, am ei gyngor diderfyn, ac i Wasg Dinefwr am argraffu mor lân a destlus.

Ein gobaith yw y caiff darllenwyr gymaint o fwynhad wrth ddarllen y llyfr ag a gawsom ni wrth ei baratoi.

Tal Williams

This book is the result of a disappointment. We are, as a family, very fond of visiting old churches and chapels, and always endeavour to buy a booklet or leaflet outlining the history of the building, in order to appreciate it later. There was such an air of romanticism surrounding Salem when we saw it for the first time that we simply had to have a record of our visit.

On enquiring we discovered that no one, during this century, had recorded a history of the cause, and we were obliged to turn to Curnow Vosper's painting and some of our photographic efforts in order to imagine the past. Whilst visiting the National Library at Aberystwyth, to research another topic, Alun Jenkins produced a thin file on *Salem* the painting, and that was the only motivation we required to set about the task of compiling a history of the ancient chapel and Vosper's masterpiece.

Iris, my wife, has recounted the story of *Salem* to hundreds of schoolchildren along the years, with an emphasis on the painting, a story she first heard from Norah Isaac at Barry Training College. And it is Norah whom we must thank for planting the seed that developed into a compulsion to delve into the world of culture.

The Rev. W. Idris Selby and Mrs Janet Hayward, Minister and Secretary of Salem, shared our enthusiasm for the project, and it was quite obvious that all whom we consulted were eager to see the research becoming reality. It always was our intention to record the story of *Salem* bilingually, for the benefit of the Welsh people and English visitors alike, and we believe that Welsh learners will also find it both easy and enjoyable reading.

I am deeply indebted to the many friends and companies who were so willing to be of ready assistance in the compiling of this book. Details are recorded on page 92. We must thank Janet Hayward for her enthusiasm in assisting with our research and suggesting further avenues, Alan Llwyd for invaluable advice, and Dinefwr Press for a skilful publication.

It is our earnest hope that readers will derive as much pleasure in reading the book as we experienced in the preparation.

Tal Williams

Holyhead
Llandudno
Liverpool
Y Rhyl
Bangor
Denbigh
Chester
Caernarfon
Betws-y-coed
Wrexham
Corwen
Porthmadog
Ffestiniog
Pwllheli
Llangollen
Harlech
Y Bala
Barmouth
Dolgellau
Shrewsbury
Welshpool
Machynlleth
Newtown
Aberystwyth
Llanidloes
Llangurig
Ludlow.
Rhayader
Aberaeron
Llandrindod Wells
Lampeter
Builth Wells
Cardigan
Hereford
Llandovery
Ross-on-Wye
Carmarthen
Brecon
Haverfordwest
Llandeilo
Abergavenny
Gloucester
Monmouth
Llanelli
Merthyr
Ebbw Vale
Tenby
Neath
Swansea
Port Talbot
Newport
Bridgend
Cardiff
Bristol

Sydney Curnow Vosper R.W.S. 1866-1942.
Arddangoswyd y penddelw hwn yn yr Academi Frenhinol ym 1935.
Bronze bust exhibited at the Royal Academy of 1935.

Sydney Curnow Vosper – Yr Arlunydd
(1866-1942)

Er na phaentiwyd *Salem* hyd 1908, bu Curnow Vosper yn ymweld â Gogledd Cymru am rai blynyddoedd cyn hynny. Yn ei wisg seiclo hynod 'roedd wedi dod yn gymeriad adnabyddus yn nyffrynnoedd yr hen siroedd Meirionnydd a Chaernarfon. 'Roedd ei lygad celfydd, craff yn archwilio testunau posibl ar gyfer y dyfodol, a *Salem* oedd y cyntaf i ddod â chlod iddo.

Ganed Sydney Curnow Vosper yn Stonehouse, Swydd Dyfnaint, 29 Hydref, 1866, yn fab ieuengaf i fragwr, a derbyniodd ei addysg yng Ngholeg y Brenin, Taunton, cyn cael ei brentisio i bensaer. Ond 'roedd yr alwad i baentio'n rhy gryf, ac ar ôl tair blynedd gadawodd ei waith er mwyn astudio Celf ym Mharis, o dan Raphael Collins a G. Courtois.

Wedi dychwelyd i Lundain dechreuodd arlunio ar gyfer llawer o gylchgronau, ond parhaodd â'i astudiaethau mewn dyfrlliw, gan arddangos ei gynnyrch yn yr Academi Frenhinol ym 1904, y Sefydliad Brenhinol, Salon Paris, ac yn Lerpwl, Manceinion ac Orielau Taleithiol eraill.

Ym 1902 priododd â Constance, merch Frank James, Plas Penydarren, cyfreithiwr o Ferthyr Tudful, a ganed dau fab iddynt. Bu Constance farw ym 1910. Yn fuan daeth galw mawr am waith yr arlunydd poblogaidd hwn. Ymhen ychydig flynyddoedd, arddangosodd ei weithiau yn Amgueddfa Victoria ac Albert, ac yn orielau Merthyr, Plymouth, Exeter a Bournemouth, a phrynwyd ei luniau, wrth iddynt ymddangos, gan feirniaid craff, cyfoethog. Dangoswyd *Salem* yn yr Academi Frenhinol ym 1909. Fe'i prynwyd yr un flwyddyn gan Arglwydd Leverhulme y cyntaf am 100 gini. Parhaodd Vosper i ymweld â Llydaw a Gogledd Cymru ar ei deithiau paentio, ac 'roedd croeso mawr yno i'r ffigwr poblogaidd, caredig, rhyfedd, yn ei glos penglin a chrafat lliwgar. Byddai Vosper yn seiclo ar ei feisicl gwyrdd uchel i bobman, a'r defnyddiau arlunio wedi eu clymu i'r traws. Yn ogystal â bod yn seiclwr profiadol, 'roedd yn nofiwr cryf hefyd, ac wrth ei fodd ar draethau eang y Gogledd.

Ei gyfeiriad yn Llundain oedd 77 Gerddi Bedford, ac 'roedd y cymeriad hoffus, lliwgar hwn yn aelod o Glwb Celf Chelsea.

Llydaw, Prynhawn o Haf, a *Tosturi* oedd ei ddarluniau gorau o ddigon, ond yr enwocaf yng Nghymru yw *Salem.* Bu farw yn Shaldon, Dyfnaint, 10 Gorffennaf, 1942, pan oedd ei fab David, Swyddog gyda'r Peirianwyr Brenhinol, yn garcharor rhyfel yn y Dwyrain Canol.

Ieithydd medrus oedd Michael, yr hynaf o feibion Curnow Vosper, a dreuliodd y rhan fwyaf o'i fywyd yn Ewrob, ac aeth David, yr ieuengaf, a aned yn Rhagfyr 1908, i Brifysgol Caergrawnt, lle graddiodd mewn Peirianneg. Gweithiodd am gyfnodau hir yn Ne Affrig. Mae'n awr wedi ymddeol ac yn byw yn Llanymddyfri.

12

Sydney Curnow Vosper – The Artist
(1866-1942)

Although *Salem* was not painted until 1908, Curnow Vosper had visited North Wales for some years beforehand. In his eccentric cycling outfit, he had become a familiar figure in the valleys of the old counties of Merioneth and Caernarfon. His observant, artistic eye was assessing possible subjects for future works, but *Salem* was the first to achieve fame.

Sydney Curnow Vosper, born in Stonehouse, Devon, on 29 October, 1866, the younger son of a brewer, was educated at King's College, Taunton, before being articled to an architect. The call of Art was too strong, and after three years he left in order to study Art in Paris, under Raphael Collins and G. Courtois.

Returning to London, he illustrated for various publications, but he continued with his Water Colour studies, exhibiting at the Royal Academy in 1904, the Royal Institution, the Paris Salon, and at Liverpool, Manchester and other provincial Art Galleries.

In 1902 he married Constance, daughter of Frank James, Penydarren House, a Merthyr Tydfil solicitor, and two sons were born. Constance died in 1910. The works of this popular artist were soon in great demand. Within a few years his paintings were featured in the Victoria and Albert Museum, the Municipal Galleries of Merthyr, Plymouth, Exeter and Bournemouth, and rich connoisseurs of the arts immediately bought his exhibits as they became available. *Salem* was exhibited at the Royal Academy in 1909, and bought later in the same year by the first Lord Leverhulme for one hundred guineas. Vosper continued to visit Brittany and North Wales on painting expeditions, and the popular, generous, if eccentric figure, in knickerbockers and a colourful cravat, was an ever-welcome visitor. He would cycle everywhere on his huge 'sit up and beg' green bicycle, with painting materials strapped to the cross bar. As well as being a proficient cyclist, he was also a strong swimmer, and enjoyed the expanse of the beaches of North Wales.

His London address was 77 Bedford Gardens, and this colourful, likeable character was a member of the Chelsea Arts Club. *Brittany, A Summer Afternoon,* and *Pity* were his best works by far, but the most renowned in Wales is *Salem*. He died at Shaldon, Devon, on 10 July, 1942, when his son David was a prisoner of war in the Middle East.

Curnow Vosper's family consisted of two sons. Michael, the eldest, was an accomplished linguist who spent most of his working life in Europe. David, who was born in December 1908, qualified as an Engineer at Cambridge University and worked extensively in South Africa. He now lives in retirement at Llandovery.

Pan welodd Arglwydd Leverhulme y cyntaf *Salem* yn yr Academi Frenhinol ym 1909, gwnaeth argraff fawr arno, a phenderfynodd ei brynu am gan gini ar ran Oriel y teulu. Er nad oes gan Oriel Gelf Arglwyddes Lever ym Mhorth Sunlight unrhyw gofnod swyddogol fod y llun wedi ei ddefnyddio mewn hysbyseb i werthu sebon, 'does dim amheuaeth mai dosbarthu'r darlun gyda rhyw saith pwys o sebon *Sunlight* a ddaeth â *Salem* i'r amlwg.

Ym 1937 ysgrifennodd Ifan ab Owen Edwards i brynu copïau o'r llun i'w gwerthu yn adrannau'r Urdd. Ceir cyfeiriad yn *Cymru'r Plant* 1937 gan Norah Isaac fod y llun ar gael am chwe cheiniog y copi. Y llun mawr oedd hwnnw! Manteisiodd llawer o gartrefi Cymru ar y cyfle i feddu ar gopi o *Salem* pan atgynhyrchwyd y darlun fel clawr *Cymru Fydd* ym 1950, 1956 a 1957. Mater syml oedd torri'r llun o'r Calendr, a'i roi mewn ffrâm.

Ni bu aelodau o'r cyhoedd fawr o dro cyn dychmygu eu bod yn gallu gweld y Diafol, yn eu tyb hwy, yn guddiedig ym mhlygiadau siôl Baisli Siân Owen, prif gymeriad y llun. Y cwestiwn a ofynnwyd oedd: Ai bwriad Curnow Vosper oedd cyflwyno gwawdlun cyfrwys o dduwioldeb a rhagrith Cymreig, ynteu ai rhith yn nychymyg y sawl sy'n edrych ar y llun yw'r Diafol?

Dywedir ei fod yn gymharol hawdd, gydag ychydig o gymorth, adnabod y gŵr drwg ar y siôl Baisli. Tra gwerthir printiau a chardiau post, fe bery'r ddadl, a thra pery'r dirgelwch ynglŷn â bwriad Vosper, fe fydd pobl yn parhau i brynu'r darlun dadleuol.

Ceisiodd Curnow Vosper greu awyrgylch Fictorianaidd yng ngolygfa lonydd y capel bach. Mae'r gwragedd i gyd yn gwisgo 'het gopa tal', yr un het gyda llaw, ond mae'n amheus a oedd yr het hon yn ffasiynol ym 1908. Dyma'r math o het a wisgai Jemeima Niclas a'r gwragedd a geisiodd rwystro'r Ffrancod rhag glanio yn Abergwaun ym 1797.

The first Lord Leverhulme was impressed with *Salem* on seeing it at the Royal Academy in 1909, and although the Lady Lever Art Gallery at Port Sunlight has no actual record of it having ever been used in an advertisement, it was the presentation of the painting with quantities of Sunlight soap purchased that initially brought *Salem* into the limelight.

In 1937 Ifan ab Owen Edwards purchased large numbers of the painting in order to distribute it through the Urdd (Urdd Gobaith Cymru — Welsh League of Youth). Reference is made to this by Norah Isaac in *Cymru'r Plant* 1937, the painting being sold for sixpence. This was the large painting! Many Welsh homes acquired *Salem* when it was reproduced as the cover of the *Cymru Fydd* Calendar in 1950, 1956 and 1957. It was a simple matter to remove the picture from the calendar and to frame it.

The so-called 'Devil', hidden in the folds of the shawl worn by Siân Owen, the principal character, was soon brought into public focus, and proved to be irresistible. The question asked was: Did Curnow Vosper intend it as a cunning caricature of Welsh piety and hypocrisy, or does the evil one exist only in the eyes of the beholder?

It is claimed that, with a little assistance, it can be quite easy, using a little imagination, to identify 'Old Nick' on the Paisley shawl. While *Salem* continues to be sold, as postcards and prints, the controversy persists, and while the mystery surrounding Vosper's intentions remains, the painting will continue to be a coveted purchase.

Curnow Vosper tried to create a Victorian atmosphere in the tranquil Chapel scene. All four ladies in the picture are wearing the tall Welsh stovepipe or steeple hat, the same one incidentally, but it is very unlikely that such hats were fashionable in 1908. This was the hat worn by Jemima Nicholas and her ladies when resisting the French invaders in Fishguard in 1797.

Ydi'r Diafol yno?
Is the Devil there?

15

Oni bai am ymweliadau Curnow Vosper â'r ardal, fe fyddai Salem Cefncymerau heddiw yn gapel anenwog a di-sôn-amdano.

Pan oedd Vosper yn crwydro un tro i gyfeiriad Cwmnantcol, dywedir i'r cymylau wahanu, a gwenodd Capel Salem arno yn yr heulwen haf gynnar, fel pe bai yn ei wahodd ef i mewn i weld prydferthwch syml y capel. Heuwyd yr hedyn a oedd i brifio'n ddarlun enwog a welwyd dros y blynyddoedd mewn miloedd o gartrefi lle bynnag y trigai'r Cymry.

Defnyddiodd Curnow Vosper dipyn o ryddid artistig a dychymyg wrth baentio'r darlun, ac mae'r enwogrwydd a gafodd wedi cyfiawnhau hynny. Nid oedd gan yr un o'r gwragedd ei het ei hun — benthyciwyd yr un het gopa tal a wisgir gan Siân Owen, Laura Williams, Mary Rowlands, a Leusa Jones y ddelw, gan Elin Edwards, Tŷ'r Capel, nain y Parch. Evan Rowlands. Mrs Williams, gwraig Ficer Harlech, a roddodd fenthyg y siôl enwocaf ym mywyd Cymru i Siân Owen.

'Roedd rhyddid artistig hefyd yn y llyfr emynau yn nwylo Evan Lloyd, yr hogyn chwe blwydd oed yn y darlun, a eisteddai gyda'i fodryb Mary Rowlands. Ar gyfer yr eisteddiad rhoddwyd bocs 'Quaker Oats' iddo i'w ddal, er mwyn iddo eistedd yn ddigyffro i'r arlunydd hawddgar a haelionus. Ofnai Vosper y buasai Evan yn troi'r dalennau, a newid ei ystum, pe bai ganddo lyfr emynau.

Arferai'r 'dyn' (sef yr arlunydd) osod orennau, afalau a siocled ar ben y sedd o flaen Evan Lloyd, danteithion fel llwgr-wobrwyon i'w gadw'n ddiddig. Dywedir mai Evan oedd yn gyfrifol am osod y casgliad llyfrau ar y sedd wrth ymyl Siân Owen, tra oedd Curnow Vosper yn paratoi ei ddefnyddiau. Brysiodd ei fodryb i'w rhoi yn ôl ar eu seddau priodol, ond mynnodd Vosper eu cadw yn yr unfan, gan iddynt roi arddull naturiol i'r olygfa.

Ni fedr neb brofi beth oedd gwir amcanion Curnow Vosper pan gyfarfu â'r cymeriadau dewisedig yn y capel bach hynod. Ond fe dystia'r gwir Gymro y ceisiodd yr arlunydd fynegi Duwioldeb yr oes Fictorianaidd, a chadwraeth gaeth y Sabath Cymreig. Ni all neb wadu nad yw'r darlun yn crisialu'r ddau syniad.

Ar wahân i'w apêl Gymreig, mae darlun Vosper yn enghraifft wych o waith dyfrlliw cain, gan fod y manylion yn glir, y lluniad yn gywir, a'r lliwiau'n drawiadol ac wedi eu cyfuno'n gyfoethog. Trwy symudiad y pendil, llwyddodd Vosper yn gampus i gyflwyno'r syniad o amser ar gerdded, camp go fawr i arlunydd, ac felly hefyd y symlder a bortreëdir trwy beidio â gosod dillad ar y bachau ar y wal. Sylwer hefyd fel y bu bron â llwyddo i guddio presenoldeb y ferch fach ofnus yn y ffenestr. Ar symlder a didwylledd y dibynnai Vosper.

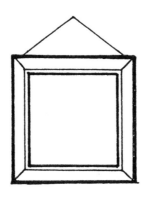

Had it not been for the visits of Curnow Vosper, Salem Cefncymerau would today be a chapel of little significance.

When Vosper was on one of his rambles in the direction of Cwmnantcol, it is said that the clouds parted, and an early summer sunshine caused Salem Chapel to smile at him, inviting him in to view the simple beauty of its interior. The seed was sown for what was to prove to be a famous painting, and the result is to be found in thousands of homes, wherever Welsh people live.

Curnow Vosper used considerable artistic licence or ingenuity in his painting, and the fame it has acquired seems to justify the principle. Not one of the ladies owned a hat. The same stove pipe Welsh hat worn by the four was borrowed from Elin Edwards, of Chapel House, grandmother of Rev. Evan Rowlands. The most famous Paisley shawl in Welsh life was loaned by Mrs Williams, wife of the Vicar of nearby Harlech.

There was artistic licence too, in the hymn book in the hands of Evan Edward Lloyd, the six-year-old boy in the painting, beside his aunt Mary Rowlands. For the sitting he was given a 'Quaker Oats' box to hold so that he would sit motionless for the lovable, generous artist. Vosper was afraid that Evan would turn the pages and change position if given a hymn book.

Vosper would place oranges, apples and chocolate on the book ledge in front of Evan Lloyd, titbits to entice him to sit still. It is said that Evan was responsible for placing the collection of books in the pew beside Siân Owen whilst Curnow Vosper was preparing his materials. His aunt hastened to replace them in their correct pews, but Vosper insisted that they remained there as they added a touch of reality to the painting.

No one will ever establish what Vosper's real intentions were when his characters gathered in the quaint chapel. But Welsh people everywhere will testify that he set out to illustrate both the piety of the Victorian era, and the strict observance of the Welsh Sabbath. No one can dispute that the painting does not personify both.

Apart from its national appeal, the work is an example of delicate water colour painting. The detail is clear, the drawing accurate, and the colours rich and harmoniously blended. Observe how Vosper has captured the mood that time goes on by the swing of the pendulum. Where so many artists have failed to convey the momentum of the clock, Vosper has created a sense of time by the angle of the pendulum. Again, whereas an ordinary artist would have hung garments or an umbrella on the wall, Vosper has used coat-hooks alone to relieve the bareness of the back-ground. Observe too, how he has almost succeeded in concealing the presence of the frightened little girl in the window. Vosper relied entirely on simplicity and sincerity.

Yr Icon Cenedlaethol

gan

Peter Lord

Ychydig o flynyddoedd yn ôl, daeth cyfaill i mi ar draws cyfuniad diddorol o ddelweddau mewn gwesty ym Mhorthmadog. Dau lun yn unig oedd yn addurno waliau'r lolfa — yr *Haywain* gan John Constable, a *Salem* gan S. Curnow Vosper. Er nad yw'r ddelwedd yn cyfateb o gwbl i realaeth Milton Keynes a Watford, mae llun Constable, oherwydd ei atgynhyrchu ar raddfa eang ar bob math o betheuach, wedi tyfu'n symbol sydd yn cynnal hyd heddiw ddelfryd y Saeson o'u gwlad eu hunain. *Salem* yw'r unig ddelwedd o Gymreictod sydd wedi ymsefydlu yn ein hymwybyddiaeth ni yn yr un modd. Canlyniad yw hyn, i raddau, i'r ffaith seml fod y llun ar gael — ni chynhyrchwyd ond ychydig iawn o ddelweddau Cymreig cyn y Rhyfel Byd Cyntaf fel printiau lliw rhad a deniadol. Nid bod creu delwedd ar gyfer y werin Gymreig yn fwriad gan Curnow Vosper wrth gwrs; ei farchnad ef oedd y Saeson cefnog a fynychai'r Academi Frenhinol. Y mae'n rhyfeddod, felly, fod yr arlunydd, yn hollol anfwriadol, wedi creu delwedd sy wedi taro deuddeg gyda chymaint o Gymry dros gyfnod o hanner canrif a mwy.

Tynnwyd y llun ymhen pedair blynedd yn unig ar ôl Diwygiad Mawr 1904, ac fe'i darllenwyd gan ei gynulleidfa fel molawd i rinweddau honedig Anghydffurfiaeth — yn dduwiol, yn syml, ac wedi'i adeiladu ar sail y Gair. Er mor anymwybodol ydoedd o'i arwyddocâd, creodd Curnow Vosper symbol trawiadol o le canolog y Gair yn y diwylliant gan gynnig lle yr un mor ganolog yng nghyfansoddiad ei lun i lyfr emynau Siân Owen.

Y mae *Salem* yn llun hiraethus. Nid oedd y Gymru ddiwydiannol ond ychydig dros ganrif oed pan aeth yr arlunydd ati i'w dynnu, ac yr oedd iddi weithlu â'i wreiddiau mewn ffordd o fyw wledig a llawer hŷn. I lawer un, yr oedd ar gof a chadw o hyd, neu ar gael iddynt naill ai drwy atgofion yr hen bobl, neu drwy ganghennau o'u teuluoedd a oedd wedi'u gadael ar ôl.

Awgryma'r heulwen a welir trwy ffenestr y capel y Gymru honno a adawyd ar ôl, megis hafan heulog plentyndod. Canfyddir yn Siân Owen, a aned ym 1837, ei rhithmau tawel a'i gwreiddiau dwfn.

Ond, yn bennaf oll, nid oes modd camsynied mai llun Cymreig yw *Salem*. Er nad oes ond ychydig o sail hanesyddol i'r hetiau tal du a'r sioliau — ffrwyth dychymyg Arglwyddes Llanofer — sydd yn trosglwyddo'r neges honno i ni, eto, fel y twyll mawr Cymreig arall, Gorsedd Iolo, maent yn rhan anwahanadwy erbyn hyn o'n delwedd genedlaethol. Yn y pen draw, mater o fynegi teyrngarwch a pherthyn i Gymru yw poblogeiddrwydd *Salem*.

Y mae ochr negyddol i sefyllfa unigryw *Salem* hefyd, gan ei fod yn pwysleisio'r diffyg yn y cyflenwad o symbolau cenedlaethol sydd mor bwysig i genhedloedd o dan fygythiad fel y Cymry. Y mae ei geidwadaeth, a'i natur fewnblyg ac anfygythiol, yn awgrymu mor anodd yw cynhyrchu symbolau cadarnhaol o hil nad yw'n rhannu hunan-ddelwedd na dyhead cenedlaethol cyffredin. Dim ond drwy edrych yn ôl, a chan bwysleisio elfennau a oedd naill ai'n ffantasïau diniwed neu'n annadleuol ac yn rhinweddol yng ngolwg y Saeson yn ogystal â'r Cymry yn y cyfnod, y gellid cyflawni'r gamp. Y mae'r cyfuniad o *Salem* a'r *Haywain* ar wal y gwesty yn ymestyn, mewn ffordd arwyddocaol iawn, y neges genedlaethol ddryslyd sydd i'w chanfod yn y llun Cymreig. Ymddengys y llun i lawer un — Marcswyr a Ffeministiaid er enghraifft — nid yn unig yn annigonol fel symbol, ond yn beryglus hefyd, gan ei fod yn cadarnhau gwerthoedd nad ydynt yn eu hystyried yn briodol i Gymru.

Serch hynny, mae parhad y ddadl ynddi ei hun yn arwydd cadarnhaol. Tra bo dadl, bydd y ddelwedd yn dal yn fyw, a'r hunaniaeth y mae'n ei chynrychioli, yn briodol neu beidio, yn dal yn fyw hefyd.

A National Icon

by

Peter Lord

Some years ago a friend of mine staying in a hotel in Porthmadog came across an interesting visual art partnership. The lounge walls displayed just two pictures, Constable's *Haywain*, and Curnow Vosper's *Salem*. The *Haywain*, reproduced on countless pieces of ephemera, has become a token of Englishness, despite being an image of that country which bears very little resemblance to the reality of Milton Keynes and Watford. It somehow remains a solid symbol of an ideal which sustains English national sentiment. Curnow Vosper's *Salem* is the only image of Welshness to have found a similar niche in our national consciousness. This is partly the result of availability — not many other Welsh images were to be had as attractive and cheap colour prints in the period before the First World War. Curnow Vosper did not intend his picture for a proletarian Welsh audience of course; his market was the wealthy English buyers who frequented the Royal Academy, so it is all the more remarkable that the meanings he unintentionally embodied in his picture have struck such a chord with so many of us for over half a century.

The picture was painted only four years after the great 1904 Revival, and is redolent of the virtues of Nonconformism — pious, unpretentious, and built around the centrality of the Word, symbolised, however unintentionally, by the hymn book in Siân Owen's hand at the heart of the composition.

Salem is a nostalgic picture. Industrial Wales was little more than a hundred years old when it was painted, and had a workforce with its origins in an older, rural way of life, which many could themselves remember, and to which most must have had some access through the memories of old people, or branches of the family left behind. The summer sun streaming through the window, like the permanent sunshine of remembered youth, evokes that Wales left behind, and Siân Owen, born in 1837, embodies a perception of its calm rhythms and deep roots.

Above all, *Salem* is an unambiguously Welsh picture. It may be ironic that the tall black hats and shawls which carry this message were the construct of Lady Llanofer's fertile imagination, and have little historical credibility, but like Iolo's equally spurious Gorsedd, they have become immovably embedded in the national stereotype. Ultimately *Salem*'s success comes down to an expression of allegiance to Wales.

Salem's unique position has a negative side to it, because it suggests the deficiency of those available tokens of identity which Wales, like any other threatened nation, so much needs. Its conservatism, passivity, and artificiality, suggest how difficult it is to produce positive tokens in a country without a widely shared self-image or national aspiration. Only by looking back, and by drawing out elements which were either harmless fantasies or were, at the time the painting was made, uncontroversially virtuous to English eyes as well as our own, could the trick be done. The partnership with the *Haywain* on the hotel wall is a revealing extension of the tentative and confused national message that *Salem* itself expresses. The picture has seemed to many people — Marxists and Feminists for instance — not only an inadequate token, but a damaging one, because it reinforces values considered by them inappropriate for Wales.

The argument is a healthy one. While people still consider *Salem* worth talking and writing about, the image remains alive and the identity it symbolises, appropriately or not, remains alive and well.

Anfarwoldeb Siân Owen

gan

Rhiannon Davies Jones

Mae hi'n dri munud i ddeg ar y cloc, amser dechrau oedfa. Siân Owen newydd gyrraedd, yn wraig fonheddig olygus yn ei siôl Baisli. Rhobet Williams, Cae'r Meddyg, efo'i ddwylo o dan ei ben yn sêt fach y cloc, a Laura Williams, Ty'n y Buarth, yn rhyw led edrych heibio i gefn Siân Owen. Wiliam Siôn yn y gornel o dan y ffenest a'i law gyhyrog yn dangos ystum cymalog ei fysedd hirion.

Yna yn sêt y cyntedd y *Dummy* Leusa Jones mor syth â sant ac yn gwisgo wyneb Siân Owen. O'r tu ôl iddi Mary Rowlands, merch Elin Edwards, Tŷ Capel Salem, a'i nai Evan Edward Lloyd yn troi tudalennau llyfr emynau. Ar y dde ym mlaen y darlun, Owen Siôn neu ynteu, i fod yn gywirach, Wiliam Siôn ei frawd.

Ond fe ddywed rhai fod gwep y Diafol yn siôl Siân Owen. Mae o yna, meddent, yn nhro'r llygad, y safn yn y plygiad a'r farf yn y ffril a hynny mor agos i'r fan lle mae Siân Owen yn gwasgu'r llyfr emynau at ei mynwes. Os cywir yr haeriad, yna fe roes yr arlunydd wyneb y Diafol i swatio'n glustogaidd lle bu pwyntil yr artist haelaf ei gelfyddyd. Gwadodd Vosper yn bendant iddo osod y Diafol yn y darlun ac eto prin y gweddai rhwysg bagan yr het gorun uchel a'i chyfnither y siôl Baisli i gapel Ymneilltuol, prin dair blynedd wedi Diwygiad 1904-5.

*   *   *

Beth am y cymeriadau lliwgar hyn yn eu bywyd-bob-dydd? Un ohonynt yn unig a berthynai i gapel Salem, sef Rhobet Williams, Cae'r Meddyg. Gwyddom i Siân Owen, y prif gymeriad, dreulio llawer o'i dyddiau ym mwthyn Ty'n y Fawnog, rhyw ddau led cae o harbwr Pen-sarn ar y ffordd i Lanbedr.

Bellach diflannodd y murddun mewn mieri a dywedir iddi hithau gefnu ar y lle wedi llanw mawr o Fôr Ceredigion. Symudodd wedi hynny i fyw ym mwthyn Ffordd Groes, Llanfair ger Harlech, a bellach mae hwnnw hefyd yn adfail truenus.

O fewn tafliad carreg i Ffordd Groes yr oedd Ty'n y Buarth, cartref Laura Williams. Eto dros y ffridd o Ffordd Groes yr oedd bwthyn Carleg Coch, cartref Wiliam ac Owen Siôn a Mari eu chwaer. Ysywaeth, mae'r bwthyn hwnnw hefyd yn adfeilion. Llongwr oedd Owen Siôn, Carleg Coch, yn berchen llong fechan yn harbwr Pen-sarn.

O fewn eu milltir sgwâr mae'n amlwg i'r cymeriadau hyn ddenu sylw'r arlunydd ond beth, tybed, a barodd iddo ddewis Salem fel man cyfarfod? Erys y peth yn ddirgelwch. Golygai'r daith o Lanfair i Salem siwrnai o dair i bedair milltir a byddai'r merched yn achwyn eu bod yn flinedig. Meddai Vosper ei hun: 'I had difficulty in painting the shawl of the chief character, as she moved too often and suddenly, so I had to make a model of her and pin the shawl on it.'

Y model y cyfeirir ato oedd y *Dummy* Leusa Jones. Yn ôl pob sôn teflid Leusa Jones o'r cysegr ar y Sul ac ar noson Seiat a Chwrdd Gweddi! Gyda golwg ar y ddau frawd Wiliam ac Owen Siôn, tystiai'r cyntaf mai 'pŵr sitar' oedd ei frawd Owen ac o'r herwydd gorfodwyd ef i gynrychioli dau gymeriad yn y darlun.

Trigai Mary Rowlands ar y pryd yn Nolgellau ac ymddengys mai ei mab hi, Evan Rowlands, a ddewiswyd ar y cyntaf i chwarae rhan y bachgen. Yn anffodus yr oedd Evan yn ddall a methai ag eistedd yn llonydd. Adwaenid ef yn ddiweddarach yn ei fywyd fel 'y Pregethwr Dall o Ddolgellau'. Ei gefnder, Evan Edward Lloyd, felly, a geir yn y darlun, a gorfodid ef i swatio o fewn ffiniau dwy linell a dynnwyd mewn sialc ar y sedd gan yr arlunydd.

*   *   *

(Tad Rhiannon Davies Jones, sef y Parch. H. Davies Jones, oedd Gweinidog Salem pan baentiwyd y darlun.)

The Immortality of Siân Owen

by

Rhiannon Davies Jones

The clock shows three minutes to ten, time for the service to begin. Siân Owen has only just arrived, a dignified, gentle lady in her Paisley shawl; Robert Williams, Cae'r Meddyg, with forehead resting on hands in the pew beneath the clock, and Laura Williams, Ty'n y Buarth, beside him, half peering behind Siân Owen's back; Wiliam Siôn in the corner beneath the window, his strong hand displaying the muscular form of his long fingers.

In the front pew sits Leusa Jones, the Dummy, as straight as a saint, wearing Siân Owen's face. Behind her we see Mary Rowlands, daughter of Elin Edwards, Salem Chapel House, and her nephew Evan Edward Lloyd turning the pages of the hymn book. On the right, at the front of the painting, is Owen Siôn, or to be strictly correct, Wiliam Siôn, his brother.

Some say that the Devil's countenance may be seen in Siân Owen's shawl. They claim that he is there in the turn of his eye, his mouth in the fold, and his beard in the frill, so very close to where Siân presses her hymn book to her bosom. If the assertion is true, then the artist purposely rested the Devil's face where his artistic skill was at its best. Vosper denied vigorously that he had included the Devil in his painting, and yet, the pagan pomp of the steeple hat and its cousin the Paisley shawl hardly belong to a Nonconformist Chapel, barely three years after the 1904–05 Revival.

What about the daily life of these colourful characters? Only one was a member of Salem Chapel — Robert Williams, Cae'r Meddyg. We know that Siân Owen, the principal character, spent many years at Ty'n Fawnog Cottage, some two fields distant from Pen-sarn harbour, in the direction of Llanbedr.

The ruins have disappeared beneath brambles, and it is said that she had forsaken the cottage after a very high tide in Cardigan Bay. Later she moved to Ffordd Groes Cottage in Llanfair, and that too is now a pitiful ruin.

A stone's throw from Ffordd Groes was Ty'n y Buarth, the home of Laura Williams, and across the common from Ffordd Groes could be found Carleg Coch, the home of Wiliam and Owen Siôn, and Mari their sister. Alas, that too is now in ruins. Owen was a sailor and owned a tiny boat in Pen-sarn harbour.

It is clear that these four characters, who had remained within their 'square mile', had attracted the attention of the artist, but what caused him to choose Salem as the location for the painting? It remains a mystery. The journey from Llanfair to Salem involved a walk of three to four miles, and the ladies would complain that they were weary. Vosper declared: 'I had difficulty in painting the shawl of the chief character, as she moved too often and suddenly, so I had to make a model of her and pin the shawl on it.'

The model referred to was Leusa Jones the Dummy. Apparently, she was cast from the Chapel before the Sabbath and the Fellowship and Prayer Meetings. Reflecting on the two brothers, Wiliam and Owen Siôn, the former testified that his brother Owen was a 'poor sitter', and consequently he was asked to represent two characters in the painting.

At this time Mary Rowlands lived in Dolgellau, and her son Evan was originally chosen to sit for Vosper. Unfortunately, Evan was blind, and could not sit still. He was known later in life as 'the Blind Preacher from Dolgellau'. His cousin, Evan Edward Lloyd, appears in the painting, and he was compelled to sit within two chalk lines drawn on the seat by the artist.

*   *   *

The author's father, Rev. H. Davies Jones, was Salem's Minister when *Salem* was painted.

Bu Siân Owen, Ty'n y Fawnog (sef enw'r tyddyn 'roedd yn byw ynddo ym Mhen-sarn) fyw hyd 90, ac 'roedd ei ffrindiau a'r aelodau'n bendant na fwriadodd Vosper bortreadu'r hen wraig annwyl a sanctaidd fel person penuchel. Gwelir yr un Siân Owen yn y darlun *Diwrnod Marchnad yn yr Hen Gymru*, yn gwisgo'i siôl blaen, seml y tro hwn, ond cawn gipolwg ar wir gymeriad Siân yn y ddau lun.

Mae'r hen wraig yn ei siôl, â Beibl neu lyfr emynau yn ei llaw, yn cynrychioli'r fam gadarn a chwaraeodd ran mor bwysig ym mywyd Cymru'r bedwaredd ganrif ar bymtheg. Gwelodd degawd cyntaf y ganrif newidiadau mawr ym mhatrymau bywyd Cymru, newidiadau a achoswyd gan y brwdfrydedd ysbrydol a brofasai'r wlad drwy ei Diwygiadau Crefyddol. A oedd Vosper am gofnodi Duwioldeb syml bywyd Capel Cymru wledig, neu a ddymunai fynegi rhyw deimlad nad oedd popeth mor bur a dymunol ag yr ymddangosai?

Dywed y rhai oedd yn agos at Vosper nad oedd dim ymhellach o'i feddwl pan oedd yn gweithio ar y darlun yn y capel bach na'r Gŵr Drwg. Pan holwyd ef yn ddiweddarach yn yr Academi Frenhinol ynglŷn â *Salem*, ni chyfeiriodd o gwbl at bresenoldeb y Diafol yn y darlun. Ei fwriad artistig oedd cofnodi golygfa a oedd yn berthnasol i'r Gymru wledig yn unig, ynghyd â chroniclo ffyddlondeb yr ychydig addolwyr, a golwg hen-ffasiwn y Wisg Gymreig. Ofnai, os na allai gael darlun o'r Sabath ar ei ganfas, y gallai ddiflannu am byth.

Tybed a oedd Sydney Curnow Vosper wedi rhagweld ym 1908 mai *Salem* fyddai'r darlun cyntaf o'i eiddo i gael ei arddangos yn yr Academi Frenhinol, ac y deuai Siân Owen ag anfarwoldeb iddo?

Siân Owen Ty'n y Fawnog, for that was the name of her smallholding in nearby Pen-sarn, lived to be 90, and her friends and fellow chapel members disputed the theory that Vosper portrayed the saintly old lady as a vain personality. She is the same Siân Owen in the painting *Market Day in Old Wales*, now wearing her own simple, plain shawl, but the true character of Siân is reflected in both paintings.

The dominant figure of the old lady in a shawl, with hymn book or Bible in hand, represents the mother-figure who played such an important part in 19th Century Welsh family life. The first decade of the 20th Century had witnessed radical changes in attitudes caused by the spiritual fervour that Wales had experienced through its religious revivals. Did Vosper wish to express the simple piety of life in a rural Welsh chapel, or did he actually wish to express the feeling that all was not as virtuous as it seemed?

Those who were closely associated with Curnow Vosper insist, with some emphasis, that when he was working on his painting in the little chapel, nothing was further from his mind than the Evil One. When he was later questioned in the Royal Academy about *Salem* he made no reference to the inclusion of the Devil in the portrait. His artistic intention was to record for posterity a scene that was typical only of rural Wales, and depict the faithfulness of the few worshippers and the quaint appearance of the Welsh costume. He feared that unless he painted such a Sabbath morning scene it could disappear for ever.

Did Sydney Curnow Vosper, in 1908, foresee that *Salem* would be his first painting to be exhibited at the Royal Academy, and that Siân Owen would bring him undying fame?

1. Siân Owen
(1837-1927)

Ganed Siân ym Maesygarnedd, Cwmnantcol, yn un o bedwar o blant i Rys Williams a'i wraig Siân. Yn ôl ffasiwn yr oes, cymerwyd Siân i'w magu yng nghartref ei hewyrth, Richard Edwards, Llwynhwlcyn. Ymddengys iddi fynd yn ddwfn i serch ei hewythr, ac yn ei ewyllys gadawodd iddi ddau fwthyn a adwaenid fel Tŷ Mair Mul a Tŷ Siân Tomos.

Wedi gadael yr ysgol bu'n gweini, a rhywdro aeth i ofalu am Mari Owen, priod George Owen, gŵr o'r hen Sir Fflint, a ddaeth i'r gwaith 'Mango' (*Manganese*) neu i godi'r morglawdd ar y morfa gerllaw. Bu farw Mari Owen, ac ymhen tipyn, priododd Siân ei gŵr gweddw George, a drigai mewn bwthyn bach o'r enw Ty'n y Fawnog. Felly aeth Siân Williams, Llwynhwlcyn, yn Siân Owen, Ty'n y Fawnog. Ar y ffordd gefn rhwng Pantgolau a Chae Nest 'roedd ei chartref newydd, ac mae'n bur bosibl mai ar y ffordd hon yr aeth Vosper ar ei daith i Salem.

Ganed iddynt un mab, William, a bu'n hynod ofalus o'i fam. Bu'n wraig weddw am 34 o flynyddoedd, ac yn ystod Rhyfel 1914-18 collodd ddau ŵyr, Robert a George, a fagwyd ganddi ar ei haelwyd. Pan wnaethpwyd y darlun, 'roedd yr hen wraig o Dŷ'n y Fawnog dros ei 70 oed, ac yn gwybod cystal â neb mai het Elin Tŷ Capel oedd ar ei phen, ac mai siôl a oedd yn eiddo i wraig Ficer Harlech oedd dros ei hysgwyddau; byddai wedi deall cyfeiriad T. Rowland Hughes at 'ei hurddas benthyg'.

Bu Siân farw 2 Mehefin, 1927, yn 90 oed, a chladdwyd hi ym mynwent yr Eglwys yn Llanfair, Harlech, ac nid yn Salem, fel y disgwylid. Tybed a oes rhyw arwyddocâd personol i Siân yn ei beddargraff?

Cystuddiwyd fi yn ddirfawr: bywha fi, O Arglwydd, yn ôl dy air (Salmau 119: 107).

Trwy ei hoes, wedi 1908, cariodd faich dau gwestiwn: A roddodd Vosper ffurf y Diafol yn ei siôl? Paham mae Siân i'w gweld fel pe bai'n gadael y capel tra bo'r cymeriadau eraill yn ymbaratoi am y gwasanaeth?

Gall fod yna eglurhad syml i'r mater sy' wedi achosi cymaint o ddryswch. 'Roedd sedd, tebyg i honno o dan y cloc, ar ochr arall y capel, a hwyrach fod Siân yn mynd i eistedd yno.

Sylwch ar ei llaw dde wrth y drws bach sy'n gilagored. Mae'n sicr mai cyrchu'r sedd honno a wna, i ymuno â Rhobet Williams, sydd yn gweddïo'n dawel wrth i ddeg o'r gloch agosáu.

2. Evan Edward Lloyd

Ganed Evan i Margaret ac Evan Lloyd ar 26 Chwefror, 1902, yn ardal y Gwynfryn, Llanbedr, yn yr hen Sir Feirionnydd, yr ail o bedwar o blant, sef Jane, Evan, Owen Maurice, ac Annie. Hon oedd yr ail briodas i Evan y tad. Dywedir mai Annie oedd 'sgolor y teulu, ac mae bellach mewn cartref i'r henoed ym Mhorthmadog yn 82 oed. Cartref y teulu oedd Glandŵr Cottages, Tŷ Croes, neu 'Tŷ Croesion' ar lafar gwlad.

'Roedd Evan Lloyd yn gefnder i Evan Rowlands, ac er mwyn gwahaniaethu rhyngddynt galwyd Evan Rowlands, yr hogyn dall, yn Evan Ddu, oherwydd lliw ei wallt, ac Evan Lloyd yn Evan Goch.

Yna aeth yn Evan Gelli-bant wedi i'r teulu symud i fferm fechan o'r enw Gelli-bant i fyny'r cwm.

Arferai Evan Lloyd ddod yn aml am dro i weld ei Nain, Tŷ Capel, Salem, gan ei bod yn wael ei hiechyd. Chwech oed oedd Evan pan wnaed y darlun, ond 'roedd ganddo gof eglur iddo weld Curnow Vosper yn dod am y capel dros bont Beser ar ei feic gwyrdd, ac yntau, Evan, yn brysio'n ôl i'r tŷ, a rhoi ei ddillad gorau amdano, cyn cael ei gario i'r capel ar y beic.

1. Siân Owen

(1837-1927)

Siân was born in Maesygarnedd, Cwmnant-col, one of four children to Rhys Williams and Siân his wife. As was the custom then, she was brought up by her uncle, Richard Edwards, Llwynhwlcyn. He became so attached to his adopted daughter that he bequeathed to her two cottages, Tŷ Mair Mul and Tŷ Siân Tomos.

After her schooldays, she went into domestic service, and at some time went to care for Mari Owen, wife of George Owen, a native of Flint, who had come to work in the 'Mango' or Manganese industry, or to build the embankment on the nearby sea marsh. Mari Owen died and Siân eventually married George, whose tiny cottage was known as Ty'n y Fawnog (house in a peat-bog), and so Siân Williams, Llwynhwlcyn, became Siân Owen, Ty'n y Fawnog. Siân's new home was situated on the back lane between Pantgolau and Cae Nest, and it would not be surprising to discover that Vosper used this route on his way to Salem.

The marriage produced one son, William, who proved to be very protective of his mother. She was a widow for 34 years, and during the 1914-1918 World War she lost two grandsons, Robert and George, whom she had brought up. When *Salem* was painted, the old lady of Ty'n y Fawnog was over 70, and knew full well that she wore Elin Chapel House's steeple hat on her head and that the shawl around her shoulders belonged to the wife of the Vicar of Harlech; she would have understood T. Rowland Hughes' reference to her 'borrowed dignity'.

Siân Owen died on 2 June, 1927, at 90 years of age, and was interred in Llanfair Church-yard, Harlech, and not in Salem as would have been expected. The question is often posed:

Was there some personal significance in the inscription on her tombstone?

> I am afflicted above measure: give me life, O Lord, according to Thy word (Psalms 119:107).

Throughout her life after 1908, she bore the burden of two questions: Did Curnow Vosper really include the Devil's image in her shawl? Why does Siân appear to be leaving the Chapel when the other characters are in prayer, preparing for the Service?

There may well be a simple explanation to what has caused so much perplexity. There was a seat, just like the one beneath the clock, on the opposite side of the Chapel, and it is probable that Siân was making her way there. Observe her right hand by the pew door which is ajar. She must surely be going to sit directly opposite Robert Williams and join him in devotions, as ten o'clock approaches.

2. Evan Edward Lloyd

Evan Edward Lloyd was born on 26 February, 1902, the son of Margaret and Evan Lloyd, at Gwynfryn, Llanbedr, in the old county of Merioneth, the second of four children, namely Jane, Evan, Owen Maurice and Annie. This was Evan's second marriage. Annie, it was said, was the scholar of the family, and at 82 she is now living in a Home for the Elderly at Porthmadog. The family home was Glandŵr Cottages, Tŷ Croes (House at the Crossroads) or 'Tŷ Croesion' as it was known locally.

Evan Lloyd was the cousin of Evan Rowlands, and in order to distinguish between them, Evan Rowlands, the blind lad, was called Evan Ddu (Black), and Evan Lloyd as Evan Goch (Red) because of the colour of their hair. Later he was known as Evan Gelli-bant, the

Pan fyddai'r arlunydd wrth ei waith, byddai'n rhaid i Evan eistedd yn berffaith lonydd rhwng y ddwy linell sialc ar y sedd. Fel gwobr am eistedd yn dawel câi ryddid i grwydro o gwmpas, weithiau i'r pulpud, ond cadwai'n ddigon pell oddi wrth Leusa Jones. Ofnai y deuai'n fyw drachefn!

Mwynhaodd Evan haf 1908 — yr enwogrwydd a ddaethai iddo dros dro, a'r sylltau gwerthfawr a enillodd, ynghyd ag agwedd garedig Curnow Vosper. 'Roedd yn flin iawn ganddo pan orffennwyd y llun, a'r arlunydd yn dychwelyd ar ei feic gwyrdd am orsaf Llanbedr i gychwyn ar ei daith hir yn ôl i Lundain.

Wedi symud i Gelli-bant, ac ymaelodi yng nghapel Methodistaidd Nantcol, aeth Evan Goch yn was fferm yn y Graig Isaf, ac yna'r Hendref, Maesygarnedd, Wern Gron, Bron y Foel, a llu eraill o ffermydd. Symudai'n gyson er mwyn cael mwy o gyflog a gwell bwyd, ar Galan Mai a Chalan Gaeaf bob blwyddyn.

Symudodd i fyw i Dy'n yr Aelgarth, Cwm Eilir Isaf, Llanberis, yn ddiweddarach, ac aeth yn chwarelwr yn Ninorwig. Bu'n aelod ffyddlon yng nghapel Jerusalem, a'r Gobeithlu, y Seiat a'r Ysgol Sul, a dywedir mai Evan a roddodd y rhan gyntaf ar lwyfan drama i Wilbert Lloyd Roberts, cynhyrchydd drama B.B.C. Cymru yn ddiweddarach. Cyffesai nad oedd yn 'sgolor, ond 'roedd yn ŵr amyneddgar, yn ganwr a dramodydd, yn sgyrsiwr hynod ddiddorol, ac yn gymwynaswr mawr ei barch yn y fro gysegredig a diwylliedig.

Bu'n weithiwr diwyd hyd ei farw yn 61 oed ym 1963. Bu farw ei fab Evan (Evie) Lloyd, a ymgartrefodd yng Nghyffordd Llandudno am flynyddoedd, ym Mehefin 1990.

3. Evan Rowlands

Er na welir Evan Rowlands yn y darlun, y mae'n gymaint rhan ohono ag unrhyw un o'r wyth cymeriad gweladwy. Ef yw'r hogyn a gollodd y cyfle i'w anfarwoli ei hun am na fedrai fod yn llonydd. Yn anffodus 'roedd Evan Rowlands bron yn ddall o'i enedigaeth, ac mae'n debyg mai hyn oedd yn gyfrifol am ei aflonyddwch. 'Roedd tua'r un oed â'i gefnder

Evan Edward Lloyd, a chymysgid rhwng y ddau yn aml.

Ei fam oedd Mary Rowlands, a'i nain oedd Elin Edwards, a fu'n cadw tŷ capel Salem fel gofalwraig am flynyddoedd. Preswyliai Evan a'i fam yn Nolgellau. Aeth Evan, yn ieuanc iawn, i ffwrdd i Ysgol Breswyl i Ddeillion, ym Manceinion, yn ôl y drefn bryd hynny, ac 'roedd Curnow Vosper wrth y darlun yn Salem tra oedd Evan gartref ar ei wyliau. Cafodd brawf yn y capel, ond oherwydd ei fod ar bigau'r drain ar hyd yr amser, ni fedrai Vosper wneud dim ag ef. Tybed a fuasai'r arlunydd wedi rhoi'r ddau ohonynt yn y darlun, pe bai wedi eistedd mor dawel â'i gefnder Evan Goch?

Sonia Evie Lloyd, mab Evan Edward Lloyd, am yr hwyl a gaent fel teulu pan fyddai Evan Rowlands yn pregethu yn Salem, gan aros gyda'i gefnder a'i deulu. Er mwyn eu diddanu fe fyddent yn cuddio peg dillad rywle yn y gegin er mwyn i Evan Rowlands ddod o hyd iddo. Ni fethodd Evan unwaith — gwrando ar y symudiadau a wnâi. Er iddo golli ei olwg, 'roedd wedi ennill â'i glyw!

'Roedd Evan Rowlands yn ŵr amryddawn a meddai ar lais baritôn ardderchog, a chof eithriadol. Gwyddai rif pob emyn a thôn yn y Llyfr Emynau, yn ogystal â'r geiriau oll, ac 'roedd yr un mor gyfarwydd â'i Feibl. 'Roedd yn bleser ei glywed yn llefaru a chanu. Gallai gyfeilio iddo'i hun wrth ganu, ac am un na chafodd wers gerddorol erioed, 'roedd ei deimlad am gynghanedd yn hynod o fyw. Mae llun ohono ar dudalen 32. Tynnwyd hwn wrth iddo roi gwers enghreifftiol ryfedd o'i allu i ddarllen Braille yn Nolgellau.

Gan mai Saesnes oedd ei wraig, âi i Gapel yr Annibynwyr Saesneg yn Nolgellau, ond mynychai gyfarfodydd wythnosol Tabernacl (Annibynwyr Cymraeg), gan chwarae'r harmoniwm yn y Cwrdd Gweddi. Bu'n fyfyriwr yng Ngholeg Bala-Bangor o 1917 hyd 1923, ac er na chafodd alwad i fugeilio, fe'i hordeiniwyd gan ei fam-eglwys, a threuliodd ei oes yn pregethu ac yn gweinyddu'r Sacramentau yn eglwysi Meirionnydd. 'Roedd y ffaith na chafodd alwad yn rhyfedd, o gofio fod gwein-

name of the farm in the upper valley to which the family had moved.

Evan Lloyd often used to visit his ailing grandmother at Salem Chapel house. He was only six when *Salem* was painted, but he remembered vividly Curnow Vosper cycling across Beser bridge to the chapel on his green bicycle, and he would then hurry home, dress in his best clothes, and be carried on the bicycle to the chapel.

When Vosper was actually painting *Salem*, it was imperative that Evan sat still between the two chalk lines drawn on the seat. As a reward he was allowed to wander about, at times to the pulpit, but he made sure that he kept well away from Leusa Jones, lest she became alive!

Evan enjoyed 1908 — his temporary fame, the precious shillings he earned, and the kindness shown to him by Curnow Vosper. He was sad when the painting was completed, and sorry to see the artist depart on his green bicycle in the direction of Llanbedr station for his long journey to London.

After moving to Gelli-bant, he became a member of the Methodist Chapel in Nantcol. He found employment as a farm hand in Graig Isaf, and then in Hendref, Maesygarnedd, Wern Gron, Bron y Foel and many other farms. He moved annually for better wages and food — on May Day or All Saints Day.

He later moved to Ty'n yr Aelgarth, Cwm Eilir Isaf, Llanberis, and became a slate quarryman at Dinorwig. A faithful member of Jerusalem Chapel, Band of Hope, the Fellowship and Sunday School, it was he, apparently, who gave Wilbert Lloyd Roberts, later a drama producer with BBC Wales, his first dramatic role. He admitted that he was no literary scholar, but was considered a tolerant man, a fine singer and actor, an interesting conversationalist, and a respected benefactor.

He died in 1963 at the age of 61 and was mourned by a wide circle of friends. His son Evan (Evie) who lived for years in Llandudno Junction, died in June 1990.

3. Evan Rowlands

Although Evan Rowlands is not portrayed in the picture, he is as much a part of it as any of the eight visible characters. He was the boy who missed the opportunity of being immortalised, as he was unable to sit still for the artist! Evan Rowlands lost his sight when very young, and this, probably, was the reason for his restlessness. He was about the same age as his cousin Evan Edward Lloyd — they were often mistaken for each other.

His mother was Mary Rowlands and his grandmother Elin, who was Salem's caretaker for many years. Evan and his mother lived at Dolgellau. Evan Rowlands was sent, when very young, to a Residential School for the Blind in Manchester, as was the custom in those days, and he was home for holidays at the time when Curnow Vosper was painting *Salem*. He had a trial sitting in the chapel, but because he had 'ants in his pants', Vosper could do nothing with him. Would the artist perhaps have used both boys in his painting, had Evan sat as quietly as Evan Goch his cousin?

Evie Lloyd, Evan Goch's son, speaks of the family's joy when Evan Rowlands, by now a Minister, preached at Salem, and stayed with his cousin and his family. One of their favourite activities was to hide a clothes peg somewhere in the kitchen for Evan to find. And he found it every time — by listening to every movement. Even though he was blind, his hearing was perfect!

Evan Rowlands was a man of many abilities, and possessed a rich baritone voice, and an exceptional memory. He knew the number of every hymn and hymn tune in the Hymnal, in addition to all the verses, just as he knew his Bible. It was a pleasure to hear him reading and singing. He had the ability to accompany himself whilst singing, and for one who had never had a formal music lesson he had an extremely fine sense of harmony. There is a photograph of him on page (32). This was taken during an amazing display of Braille reading at Dolgellau.

As his wife was English, he worshipped at the English Congregational Church,

idogion dall, megis Elfed a J. Puleston Jones, yn anghyffredin o lwyddiannus.

Hoffai gystadlu mewn Eisteddfodau, a'i hoff unawd oedd 'O Ruddier than the cherry'. Canai hefyd gyda Chôr Meibion Dolgellau, a Chôr Mawr 'Dee and Clwyd' ym mhafiliwn Corwen. Dysgai'r gerddoriaeth a'r geiriau'n rhwydd yn yr ymarferion wrth sefyll yn ochr 'noter' da.

Er iddo fod bron yn ddall yn ifanc iawn, credid bod gobaith adfer y gorau o'r ddau lygad, a chafwyd triniaeth lawfeddygol arno yn Lerpwl, ond bu'r ymdrech yn ofer a chollodd ei olwg yn llwyr. Nid oedd ganddo lawer o hunan-hyder, ac yr oedd yn well ganddo gael cydymaith i'w dywys o le i le.

'Roedd gan y frawdoliaeth yn Salem barch mawr at y gŵr annwyl hwn, ac yr oeddent wrth eu bodd pan dderbyniodd eu gwahoddiad i bregethu yng Nghyrddau Canmlwyddiant yr achos. Dywedodd Evan Rowlands ym mhen blynyddoedd: 'Collais y cyfle i'm hanfarwoli fy hun am fy mod mor aflonydd'. Bu farw ym Mawrth 1976, yn 75 oed, a chladdwyd ei weddillion yn Nolgellau.

4. Laura Williams

Yr oedd yn byw mewn tŷ bychan o'r enw Ty'n y Buarth yn ymyl capel Caersalem Llanfair. Hen gwpwl diwyd iawn oedd Laura a'i phriod Robert, ef yn grydd wrth ei alwedigaeth, a hithau'n cadw siop fechan, ac weithiau'n cymryd bara i mewn i'w grasu.

Gwraig ddiddan a hoffus oedd Laura Williams. 'Roedd ganddi stôr o storïau difyr iawn a chawsai groeso cynnes ym mhob man. Yn ystod ei blynyddoedd olaf, ceisiodd ennill rhyw fymryn at ei chynhaliaeth drwy werthu olew lampau i gartrefi'r ardal fechan o gwmpas Llanfair a Llandanwg.

Mae'n bur debyg fod Vosper wedi clywed llawer amdani, ac yntau yn lletya yn Llanfair, a llwyddo i ddwyn perswâd arni i fod yn un o'r cymeriadau yn ei ddarlun, a'i gosod i eistedd ar y chwith i Robet Williams, Cae'r Meddyg, y tu ôl i Siân Owen, a rhoi dim ond cip i ni ar ei hwyneb mwyn. Bu farw ym 1933. Bu Mrs Humphrey Williams, merch Laura Williams, farw'n gymharol ddiweddar yn ei nawdegau.

5. Mary Rowlands

Hi yw'r wraig sy'n eistedd yn y sedd gyda'r hogyn bach. Treuliai lawer o'i hamser yn gofalu am ei mam, Elin, a oedd yn byw yn y Tŷ Capel. Elin Edwards oedd perchennog yr het a wisgwyd yn y llun. Mary Rowlands oedd mam Evan, yr hogyn bach dall. Dangosodd Vosper amynedd wrth orffen llun Mary Rowlands gan iddi droi'n ôl i Dŷ'r Capel yn fynych am fod ei mam mor wael ei hiechyd. Bu farw Mary ar 3 Mawrth, 1946, yn 82 oed.

6. Leusa Jones

Leusa Jones a welir yn eistedd yn gefnsyth fel delw yn union o flaen Wiliam Siôn. Ac, wrth gwrs, delw teiliwr (yn gwisgo cernlun Siân Owen) oedd yr hen Leusa, a ddefnydd-iwyd gan yr arlunydd er mwyn trefnu plyg-iadau'r siôl. 'Roedd y manylion yn galw am oriau o sylw, a go brin y gallasai unrhyw un sefyll yn gwbl lonydd am gyhyd o amser. Vosper ei hun a'i henwodd.

'Doedd rhai o hen aelodau Salem ddim yn gwbl hapus ynglŷn â phresenoldeb y ddelw yn y cysegr. Felly cytunwyd i'w symud allan cyn pob oedfa, ar y Sul, a Seiat nos Fercher. Petai Evan Lloyd, yr hogyn bach, wedi cael ei ffordd, ni fyddai wedi cael dod ar gyfyl y lle o gwbl. 'Roedd arno dipyn o'i hofn hi.

7. Owen Siôn a Wiliam Siôn

Wiliam yw'r cymeriad sy'n eistedd yn y sedd dan y ffenestr, a'i law chwith yn cwpanu'i glust, ac Owen, ei frawd, yw'r cymeriad patri-archaidd yr olwg, ei dalcen yn pwyso ar ei ddwylo, a'i farf yn corlannu'i ên, fel pe bai mewn gweddi, ar yr ochr dde i'r llun. Mewn gwirionedd gwelir Wiliam ddwywaith yn y darlun, gan iddo eistedd yn lle'i frawd Owen (y 'pŵr sitar') na fedrai fod yn llonydd. Gŵr

Diwrnod Marchnad yn yr Hen Gymru./Market Day in Old Wales.

Mrs Janet W. Hayward, Ysgrifenyddes Salem, yn gwisgo siôl wreiddiol Siân Owen (nid yr un yn narlun Vosper).
Mrs Janet W. Hayward, Secretary of Salem, wearing Siân Owen's original shawl
(not the one in Vosper's painting).

Dolgellau, but he attended the weekly services at Tabernacle Welsh Independent Church, and accompanied on the harmonium at Prayer meetings. He studied at Bala–Bangor College from 1917-1923, and although he was not called to minister, he was ordained at his mother-church, and spent his life preaching and administering the Sacrament in Merioneth chapels. It was a mystery that he had not been called to a Pastorate, bearing in mind that blind ministers in the persons of Elfed and J. Puleston Jones had been remarkably successful.

He was fond of competing at Eisteddfodau, his favourite solo being 'O Ruddier than the Cherry'. He also sang with the Dolgellau Male Voice Choir and with the great 'Dee and Clwyd' choir at Corwen pavilion. He mastered music and words without difficulty at rehearsals by standing beside a good 'noter'.

Although almost sightless when very young, it was believed that there was hope of restoring sight in the better eye, and he underwent surgery at Liverpool, but the operation was unsuccessful, and he lost his sight completely. Lacking self-confidence, he preferred to rely on friends to lead him around.

He was held in great respect by the fellowship of Salem, and they were delighted when he accepted their invitation to preach at the Chapel Centenary Services.

Years later Evan Rowlands said, 'I lost the chance of immortality because of my restlessness'. He died in March 1976, aged 75, and was interred at Dolgellau.

4. Laura Williams

She lived in a small cottage called Ty'n y Buarth, near Caersalem Chapel, Llanfair. Laura and her husband Robert were a hard-working old couple, as he was a busy cobbler and she kept a little shop, sometimes taking in bread for baking.

Laura was a lovable, interesting woman. She had a wealth of entertaining stories and was warmly welcomed everywhere. During her latter years she sought to supplement her income by selling lamp oil to homes in the area around Llanfair and Llandanwg.

It is quite clear that Vosper had heard a great deal about her whilst he was lodging in Llanfair, and succeeded in persuading her to be one of the characters in his picture. He sat her to the left of Robert Williams, Cae'r Meddyg, behind Siân Owen, giving us but a glimpse of her gentle features. She died in 1933. Laura Williams' daughter, Mrs Humphrey Williams, died fairly recently, in her nineties.

5. Mary Rowlands

Mary sits in the pew with the young lad. She spent a great deal of her time caring for her mother, Elin, who lived in Chapel House. Elin Edwards was the owner of the steeple hat worn in the painting. Mary was the mother of Evan, the blind boy. Vosper displayed great patience whilst painting Mary Rowlands, as she was compelled to return frequently to Chapel House because of her mother's poor health. Mary died on 3 March, 1946, aged 82.

6. Leusa Jones

Leusa Jones is seen sitting straight-backed, statue-like, directly in front of Wiliam Siôn (Jones). Of course, the old Leusa is, in reality, a tailor's dummy (with Siân Owen's profile) which the artist used in order to arrange the folds of the shawl. The details called for hours of concentration, and no one could have stood completely still for such a time. It was Vosper himself who named her.

Some of the older members of Salem were not completely happy about the Dummy's presence in the Chapel. It was agreed, therefore, that she would be removed before each service on Sundays, and before the Wednesday Fellowship meetings. Had Evan Lloyd, the young lad, had his way, she would never have been allowed near the Chapel, as he was quite afraid of her.

7. Owen Siôn and Wiliam Siôn (Jones)

Wiliam is the character sitting beneath the window, with left hand cupping his ear, and

gweddw oedd Owen, a hen lanc oedd Wiliam, y ddau'n byw gyda'u chwaer yng Ngharleg Coch, bwthyn bach yn ymyl Caersalem, capel y Bedyddwyr, Llanfair, ger Harlech.

Mari, eu chwaer ddibriod, oedd yn cadw tŷ iddynt, a'r tri yn aelodau ffyddlon yn y capel bach gerllaw. Dau werinwr tawel oedd y brodyr, ond cymeriad ffraeth oedd Mari.

Mewn ateb i gymydog a farnai ei bod yn lwcus o gael cwmpeini ei dau frawd yn ei henaint, atebodd Mari — 'Lwcus yn wir, ma' nhw fel dau bentan!'

Hoffai Curnow Vosper eu cartref, Carleg Coch, yn fawr, oherwydd bu yno yn aml yn ceisio synhwyro a chostrelu awyrgylch y gegin Gymreig, ar gyfer ei ddarlun *Diwrnod Marchnad yn yr Hen Gymru*.

8. Rhobet Williams, Cae'r Meddyg

Dyma'r gŵr penfrith a welir yn gwyro'n ddefosiynol o dan y cloc. Saer coed medrus oedd Rhobet Williams wrth ei alwedigaeth, ac amaethai ei dyddyn ar yr un pryd, fel cynifer o grefftwyr y dyddiau hynny, er mwyn cael y ddau ben llinyn ynghyd. Daeth yn un o wir gymwynaswyr y fro.

Bedyddiwyd ef yn ystod gweinidogaeth y Parchedig William Evans (Y Clocsiwr) ac ym 1894 dewiswyd ef yn ddiacon, ac yn ddiwedd-arach, gwnaed ef yn drysorydd yr Eglwys. 'Roedd yn ŵr priod, ac yn gymeriad tawel, hynaws ei ysbryd, yn meddu ar ddirnadaeth dda ar athrawiaethau crefydd, yn ffyddlon yn yr Ysgol Sul a'r Cwrdd Gweddi, ac 'roedd ei ddoniau'n dderbyniol iawn gan gymdeithas ei fro.

Chwaer i Robet Williams oedd mam yr Athro M. B. Owen, Caerfyrddin, gŵr a berchid yn fawr gan genedlaethau o fyfyrwyr a fu yng Ngholeg y 'Presby', Caerfyrddin. Bu farw Rhobet Williams ar 8 Mehefin, 1922. Ym mhen dwy flynedd bu Elin, ei weddw dirion, farw, ar 20 Tachwedd, 1924, ac yn *Seren yr Ysgol Sul*, Gorffennaf 1925, ymddangosodd ysgrif-deyrnged iddi gan y Parchedig George Williams, Pontarddulais. Ef a fedyddiodd Elin Williams yn y nant a redai trwy weirglodd

Cae'r Meddyg, ar 4 Medi, 1889. Claddwyd Rhobet ac Elin Williams ym Mynwent Salem, a'u beddargraff yw:

Hunwch, mewn cyflawn henoed,
Ŵr a'i wraig, rhai gorau 'rioed.

Evan Lloyd fel yr oedd ym 1961, pan oedd yn chwarelwr yn Llanberis./Evan Lloyd when he was a slate quarryman in Llanberis in 1961.

Y Parch. Evan Rowlands, y 'bachgen dall'. Cymerwyd y llun yn ystod arddangosfa ryfedd o ddarllen Braille yn Nolgellau./Rev. Evan Rowlands, the 'blind boy'. This photograph was taken during an amazing display of Braille reading at Dolgellau.

Owen, his brother, is the patriarchal figure, with forehead resting on hands as if in prayer, and with his beard curling around his chin. He is on the extreme right of the painting. Wiliam Siôn actually appears twice in the painting, as he also posed instead of his brother Owen (the 'poor sitter') who was quite unable to remain motionless. Owen was a widower and Wiliam a bachelor, both living with their sister in Carleg Coch, a tiny cottage beside Caersalem Baptist Chapel in Llanfair near Harlech.

Mari, their spinster sister, was their housekeeper, the three being faithful members of the adjoining tiny chapel. The brothers were quiet by nature, but Mari in contrast, was sharp-tongued. In reply to a neighbour who remarked that she was fortunate to have the company of her brothers in her old age, Mari retorted, "Lucky indeed! They're like two hobs on either side of the fire!"

Curnow Vosper was so intrigued by their home, Carleg Coch, that he visited it often to capture the atmosphere of a typically Welsh kitchen in preparation for his painting *Market Day in Old Wales*.

8. Robert Williams, Cae'r Meddyg

(*Doctor's Field*)

He is the grey-haired man seen in prayer, beneath the clock. Robert Williams was a skilled carpenter by trade, but who farmed his smallholding at the same time, as so many craftsmen did in those days in order to make both ends meet. He later became one of the benefactors of the area.

He was baptised during the ministry of the Rev. William Evans (the clogmaker), and in 1894 he became a deacon, and later the Church Treasurer. A married man, he was a quiet person, genial in spirit, well-versed in the Scriptures, faithful to the Sunday School and the Prayer meeting, and possessed talents much admired by his peers.

Robert's sister was the mother of Professor M. B. Owen, who was greatly respected by generations of students of the Presbyterian Theological College, Carmarthen. Robert Williams died on 8 June, 1922.

Elin, his gentle widow, died two years later, on 20 November, 1924, and the Rev. George Williams, Pontarddulais, paid tribute to her in an article in *Seren yr Ysgol Sul*, a religious publication in Welsh, in July, 1925. It was he who baptised Elin Williams in the stream that flowed through Carleg Coch meadow, in September 1889. Robert and Elin were interred at Salem Churchyard. Their epitaph reads:

Hunwch, mewn cyflawn henoed,
Ŵr a'i wraig, rhai gorau 'rioed.

Husband and wife by old age blessed,
Two of the kindest, sleep, at rest.

Cymeriadau Salem/Salem's *Characters.*

'Milltir Sgwâr' Rhobet Williams

gan

E. Morgan Humphreys

Rhobet Williams, Cae'r Meddyg, yw'r gŵr sydd yn eistedd dan y cloc. Yr wyf yn ei gofio ef yn dda. Ffarmwr a saer coed oedd Rhobet Williams, yn byw mewn tyddyn yng ngolwg Y Moelfre a'r Rhiniog ar un ochr, ac yng ngolwg y môr a holl ogoniant mynyddoedd Sir Gaernarfon, o'r Wyddfa hyd at Enlli, ar yr ochr arall. Oddi wrth y llidiart sydd yn troi at Gae'r Meddyg gellir gweled ar hyd Dyffryn Artro, dyffryn hir, coediog, a'r caeau bychain caregog, a'r llethrau yn borffor gan rug yn ei adeg, yn codi o boptu iddo, a chreigiau Cwm Bychan yn cau'r olygfa yn y pellter. Y mae braich o fryn yn cuddio Cwm Nantcol a'i afon droellog a'i ddolydd gleision. Ni wn i am yr un olygfa harddach ar hwyrddydd haf — goleuni haul machlud yn llifo dros goed a llechwedd, dros gaeau a chreigiau, mwg perliog, araf, ambell dŷ ffarm a bwthyn anweledig yn codi o'r dyffryn fel niwl ysgafn, a rhyw dawelwch lledrithiol, mwyn, a distawrwydd tyner dros y cwbl.

Ac am Gae'r Meddyg a'r olygfa honno, ac am bobl y tyddynnod caregog a'r llechweddau heulog, y byddaf yn cofio bob tro y gwelaf lun *Salem*. Mi wn i rywbeth am eu bywyd — fel yr oedd o, beth bynnag — am eu caredigrwydd, am eu croeso, am eu llafur bob dydd ac am eu ffyddlondeb ar y Sul. Coffa da am lawer pryd o fwyd yng ngheginau clyd a siriol Cae'r Meddyg, Glyn Artro, yr Allt Goch, a Phenbryn yn y dyddiau gynt — gryn lawer o flynyddoedd yn ôl bellach — y dodrefn a'r llestri yn disgleirio, aroglau tân coed a bara yn y popty yn fwyn yn y ffroenau, y sgwrs am fywyd yr ardal, a'r awyrgylch yn gymdogol ac yn garedig. Nid heb fwriad y defnyddiais y gair *cymdogion* wrth sôn ar y cychwyn am y bobl yng nghapel Cefncymerau, canys dyna'r peth mawr yn y bywyd hwnnw — pobl o'r un cefndir, o'r un iaith, o'r un diddordebau, yn byw mewn cymdeithas â'i gilydd, a hynny, yn y pen draw, yn troi yn rhywbeth amhrisiadwy ym mywyd cenedl. Edrychwch ar wyneb Siân Owen yn y llun; y mae yno dristwch a thawelwch, cryfder a mwynder, ac yr oedd y pethau hynny yn nodweddu llawer o bobl y bryniau. Digon caled oedd eu bywyd yn aml, ac nid oeddynt hwythau mwy na ninnau yn berffaith, ond yr oeddynt yn rhan o gymdeithas ac o draddodiad, ac yr oedd hynny'n magu rhuddin yn eu cymeriadau. Ac er caleted eu llafur yr oedd ambell un yn cael cip oddi ar y llechweddau a rhwng muriau'r hen gapel ar dyrau Caersalem yng nghymylau'r machlud, ac yn gweled y môr o wydr yn disgleirio rhyngddynt a'r gorwel draw.

Robert Williams' 'Square Mile'

by

E. Morgan Humphreys

The man sitting under the clock is Robert Williams of Cae'r Meddyg. I remember him well. A farmer and carpenter was Robert Williams, living in a cottage within sight of Y Moelfre and Y Rhiniog on one side, and in view of the sea and all the splendour of Caernarfonshire's mountains, from Snowdon as far as Bardsey, on the other. From the gate which leads towards Cae'r Meddyg you can see the length of Dyffryn Artro, a long, wooded valley, with its little, rocky fields and the slopes purple with heather in its season, rising on all sides, and the rocks of Cwm Bychan blocking the view in the distance. The arm of a hill hides Cwm Nantcol, with its winding river and its green meadows. I know of no more beautiful scene on a summer's evening — the rays of a setting sun streaming across wood and escarpment, over fields and rocks, the slow, pearly smoke of a farmhouse and an unseen cottage rising now and then from the valley like a light mist, and some sweet and magic silence, a gentle stillness, over the whole.

And it is Cae'r Meddyg and that scene, and the people of the rocky cottages and the sunny slopes, that come to my mind whenever I see the picture of *Salem*. I know a little of their life — as it used to be, at any rate — of their kindness, of their hospitality, of their daily labour and their regular attendance on Sundays. I remember well many a meal in the snug and jolly kitchens of Cae'r Meddyg, Glyn Artro, Allt Goch and Penbryn in the days gone by — many years ago by now — the furniture and crockery gleaming, the scent of a wood fire and bread in the oven sweet to the nostrils, the talk about what went on in the locality, and the atmosphere so neighbourly and so kind. I used the word 'neighbours' deliberately, when referring at the outset to the people in the chapel at Cefncymerau, for that was the great thing about their way of life — they were people of the same background, the same language, the same interests, living together in their own neighbourhood, and it is that, when all is said and done, which amounts to something priceless in the life of a nation. Look at the face of Siân Owen in the picture; you will see there sadness and calm, strength and gentleness, and these were typical of many of the hill-people. Their lives were often hard and they were no more perfect than we are, but they were part of a community and a tradition, and that put mettle in their characters. And hard though their labour was, from those slopes and within the old chapel's walls a few caught a glimpse of Jerusalem's towers in the clouds of the setting sun, and they saw the sea of glass shining between them and the far horizon.

trans. Meic Stephens

Yn ôl pob tebyg mae Cae'r Meddyg yn dyddio'n ôl i 1700. Bu fforestwyr wrthi'n cymryd samplau bywyn o'r coed sycamorwydd a oedd yn amgylchynu'r fferm, a barnwyd i'r had gael eu plannu tua 1730, wedi iddynt gael eu cludo o'r Amerig, lle'r oeddent yn doreithiog, gan forwyr o Borthmadog.

O amgylch Cae'r Meddyg mae yna ddigon o brawf gweledol o fedrusrwydd a dyfeisgarwch Rhobet Williams, y saer a'r ffermwr.

'Roedd yn angenrheidiol i ffermwyr a masnachwyr osod plât busnes ar eu ceirt, ac mae hwn i'w weld ar ddrws ei gyn-weithdy o hyd. Cafwyd cyflenwad diderfyn o ddŵr grisial clir o'r ffynnon ar y tyddyn, a sicrhaodd Rhobet bŵer at ei waith drwy harneisio'r dŵr.

Addasodd yr adeilad er mwyn cael gwres yn y gaeaf drwy gadw'r ychydig wartheg a feddai o dan yr unig 'stafell wely. Mae perchnogion olynol wedi cadw llawer o'r adeilad fel yr oedd yn wreiddiol, ac mae'r perchennog presennol, Mrs Barbara Parry, wedi ymdrechu i gadw'r awyrgylch a oedd yn bodoli yng nghyfnod Rhobet ac Elin Williams.

Gweithdy Rhobet Williams.
Robert Williams' workshop.

Cae'r Meddyg

(Doctor's Field)

Cae'r Meddyg probably dates back to 1700. Foresters have taken core samples of sycamore trees which act as a beautiful wind break around the farm, and have discovered that they were planted as seedlings in 1730, the seedlings having been brought from America, where the sycamore was abundant, by mariners from nearby Porthmadog.

Around Cae'r Meddyg there is ample visual evidence of the skill and inventiveness of Robert Williams, the carpenter and farmer. The 'trade plate', which farmers and tradesmen were required to display on their horse-drawn carts, is still to be seen on the door of Robert's one time workshop. There was a plentiful supply of crystal-clear water from a nearby spring, and the ingenious Robert harnessed this to provide water power for his farming needs.

He adapted the farmhouse so that natural heating in winter was provided by the few cows kept in the byre that was situated underneath the sole bedroom. Much of the original building has been retained by successive owners, and the present owner, Mrs Barbara Parry, has striven to maintain the atmosphere that existed during Robert and Elin Williams' time.

Cae'r Meddyg – cartref Rhobet Williams.
Cae'r Meddyg – home of Robert Williams.

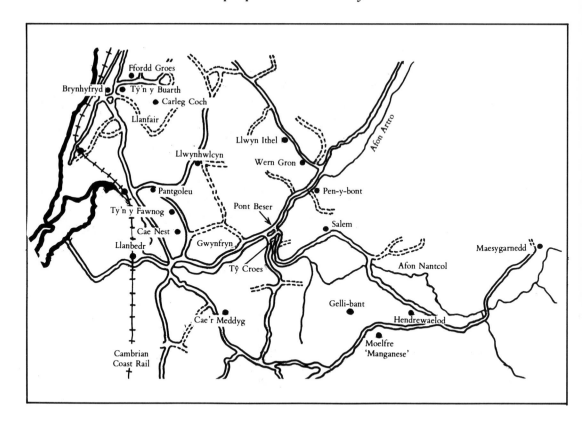

Brynhyfryd: Curnow Vosper stayed here.
Tŷ'n y Buarth: Home of Laura Williams.
Tŷ'n y Fawnog, Llwynhwlcyn, Ffordd Groes: Siân Owen's one time homes.
Maesygarnedd: Birthplace of Siân Owen, Birthplace of Col. John Jones.
Carleg Coch: Home of Owen and Wiliam Siôn.
Cae'r Meddyg: Home of Robert Williams.
Tŷ Croes: Birthplace of Evan Lloyd.
Gelli-bant, Hendrewaelod, Wern Gron: Farms where Evan Lloyd worked.
Llwyn Ithel: Home of Marged Parry.
Moelfre: Manganese Mine.

Fy Narlun/My Painting

gan/by

Sydney Curnow Vosper

Mae'n bleser gennyf glywed i *Salem* beri llawer o ddiddordeb yng Nghymru — buaswn yn hynod falch rhoi i chwi enwau'r bobl a eisteddodd imí dynnu eu lluniau, ond yn anffodus, ni allaf wneud hyn; y mae gennyf frith atgo am Jones, Owen a Rowlands, a dyna i gyd.

Ond y peth a gofiaf yn iawn yw mor llednais ac mor barod i'm cynorthwyo oedd pawb, ac mor fawr oedd eu diddordeb yn nhwf y darlun.

Cofiaf i mi gael peth trafferth i baentio siôl y prif gymeriad. Gwelais na fedrwn ei wneud oddi wrth y model byw, oherwydd y symudai'n rhy aml a sydyn. Felly gorfu i mi wneud math o ddelw ohoni a phinio'r siôl amdani. Gelwid y ddelw yn 'Leusa Jones', a rhaid oedd ei throi allan o'r capel cyn y seiat, ac ar nos Sadwrn, cyn y Sul.

Gan fod y capel wedi ei osod ar lechwedd, nid oedd ffenestri un ochr ddim ond troedfedd yn uwch na'r ddaear. Pan oeddwn wrthi un diwrnod, gwelwn eneth fach yn hel blodau, yn ymyl y ffenestr. Digwyddodd edrych i mewn i'r capel a gweld y 'wraig' ryfedd hon gyda'i het gantal uchel, a dihangodd am ei bywyd, gan feddwl, y mae'n rhaid, mai ysbryd ydoedd.

Deuai'r ddau hen ŵr o Lanfair; yr oeddynt yn byw mewn bwthyn, gyda chwaer iddynt. Mi baentiais y tu mewn i'r bwthyn gyda'r un hen wraig ag oedd yn brif gymeriad yn *Salem*, yn ei chegin yn paratoi mynd â'i nwyddau i'r farchnad.

Prynwyd y darlun yma gan Mr Arthur P. James a Mr F. T. James o Ferthyr Tudful, a'i gyflwyno i Amgueddfa Genedlaethol Cymru.

(Ymddangosodd y sylwadau hyn mewn cyfraniad gan Einion Evans, yn *Y Ford Gron*, Ebrill 1933.)

*   *   *

I am pleased to hear that *Salem* has created such interest in Wales — I should be pleased to give particulars of the characters who posed for me, but unfortunately I have only a very faint recollection of Jones, Owen and Rowlands, but I remember that everyone was very courteous and ready to help me; and they were all very interested in the progress of the painting.

I had difficulty in painting the shawl of the chief character, as she moved too often and suddenly, so I used a model and pinned the shawl on to her. The model was called 'Leusa Jones', and she had to be removed from the Chapel before a service was held.

As the Chapel was built on a hillside, the windows on one side were only about a foot above ground level. It so happened that one day a little girl, picking flowers outside, peeped through the window, and seeing the model, ran away, believing it to be a ghost.

The two old men came from Llanfair where they lived with their sister. I also painted the kitchen of their cottage, again portraying the main character of *Salem*, Siân Owen, preparing to take her wares to market.

This painting was purchased by Mr Arthur P. James and Mr F. T. James of Merthyr Tydfil, and presented to the National Museum of Wales.

(Taken from an article in Welsh by Einion Evans, which appeared in *Y Ford Gron* in April 1933).

Dylanwad Salem

gan

Dyfed Evans

Am 80 mlynedd a rhagor mae copïau o ddarlun wedi cael lle anrhydeddus ar furiau cartrefi Cymru. Gosodid y darlun ymhlith cywreinion Fictorianaidd parlwr dydd Sul ein cyndeidiau. Pery i ennill ei le, heb fod yn anghydweddus, yng nghanol cynlluniau a phatrymau hunan-ymwybodol tai modern.

Mae *Salem*, darlun llawn awyrgylch Sydney Curnow Vosper, yn mwynhau poblogrwydd parhaol ymhlith y Cymry sy'n meddwl mwy am y naws a grea nag am ei deilyngdod artistig. Daliodd yr artist, a'i rewi'n dragwyddol, y tawelwch, y Duwioldeb, a symlrwydd gwledig yr ardalwyr sydd yn ymgasglu mewn capel ar lethrau'r mynydd, ar fore Sul ers talwm, gan ddisgrifio, mewn modd dealladwy, gyfnod cyfan o hanes Cymru.

Mae prif gymeriad y darlun, sef yr hen wraig yn ei siôl a chanddi lyfr emynau, yn cynrychioli'r Fam yng Nghymru'r bedwaredd ganrif ar bymtheg. Daeth Cymru allan o'r ganrif honno yn genedl a newidiasai ei golygon a'i hagwedd feddwl drwy'r cyffroadau ysbrydol a'r taerineb crefyddol a brofasai.

Gan fod y darlun yn mynegi argyhoeddiadau crefyddol diysgog yr oes, 'roedd yn anochel y byddai'r llun yn magu rhyw arwyddocâd neu ryw symboliaeth graff.

A dyna lle y gwelwyd y Diafol. Credwyd i'r artist guddio wyneb Satan ym mhlygiadau cyfrwys y siôl foethus a wisgai'r hen wraig. Mae'r gred wedi parhau hyd heddiw.

Efallai nad oedd *Salem* yn waith mawr yn yr ystyr iddo arloesi mewn rhyw agwedd ar gynnydd technegol, ond cydiodd ei symlrwydd a'i ddidwylledd yn nychymyg y cyhoedd. Mae mwy o alw amdano na'r un llun arall, a'i boblogrwydd yn seiliedig ar atyniad anesboniadwy, sydd yn cyfuno hiraeth am hen ffordd o fyw hamddenol â realaeth ramantus ffydd seml.

(Cyfieithiad o ysgrif a ymddangosodd yn y cylchgrawn *Country Quest*.)

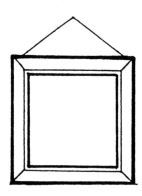

The Influence of Salem

by

Dyfed Evans

For more than 80 years, reproductions of a painting have held a place of sentimental honour on the walls of homes of Wales. It glowed among the late Victorian 'bric a brac' in the Sunday parlours of our grandparents; it still seems to fit, without incongruity, into the more self-conscious settings of contemporary design.

Salem, Sydney Curnow Vosper's evocative painting, enjoys an enduring popularity among Welsh people who are less concerned with any artistic merit which the portrait may or may not have, as with the mood that it expresses. The artist has captured and frozen into time-lessness the calm, the piety, and the rustic simplicity of people gathering to worship in some hillside chapel on a long ago Sunday morning, and has rendered, in understandable terms, a whole epoch of Welsh history.

The dominant figure in the painting, of the old lady in a shawl, with hymn book in hand, is a kind of mother-figure which represents the 19th century in Wales. And out of that century Wales emerged a nation that had been radically changed in outlook and behaviour by the spiritual eruptions and the religious fervour that it had experienced.

As the picture expresses the unshakeable religious convictions of the age which it illustrates, it was almost inevitable that some religious significance, some subtle symbolism should be sought in it.

And that is where the Devil came in. Into the cunningly contrived folds of that rich shawl which the old lady wears, it was believed that the artist had introduced the face of Satan. The belief persists today.

It may not have been great art in the sense that the work blazes the trail for some aspect of technical progress, but its very simplicity and sincerity caught the imagination of the public. It leads all other prints in general demand, its popularity based on an undefinable attraction, blending nostalgia for the leisurely way of life with the romantic realism of a simple faith.

(An essay featured in the magazine *Country Quest*).

Oedd Siân yn Ymadael?

gan

D. Tecwyn Lloyd

Wrth ymweld â Chapel Salem yn ddiweddar am y tro cyntaf, tybiais faint o'r miloedd sy'n galw yno'n flynyddol a sylwodd ar un ffaith anghyffredin a ddaw i'r amlwg pan gymherir safiad prif gymeriad Curnow Vosper â chynllun mewnol y Capel ei hun.

Yn y darlun, y cymeriad canolog yw Siân Owen, yr hen wraig efo'r siôl. Mae fel pe bai'n cerdded i lawr yr ale ar ei ffordd i'w sedd arferol, gan gyrraedd braidd yn hwyr yn ystod y munudau tawel cyn dechrau'r gwasanaeth.

Ond pan eir ati i ail-lunio safleoedd y cymeriadau eraill tu fewn i'r capel, gwelir ar unwaith fod Siân Owen, nid yn mynd i mewn i'r capel, ond yn ymadael. Mae golwg benderfynol arni wrth wneud ei ffordd tua'r drws. Mae un o'r dynion yn edrych arni'n symud oddi wrtho, tra bo'r gweddill yn eistedd a gweddïo. Gwelir y gwragedd yn eistedd hefyd yn brennaidd ddifynegiant. Mae'n edrych fel pe bai'r hen wraig wedi codi yn ystod y gwasanaeth gan adael y cyfarfod i'r gweddill ohonynt.

Mae'n eglur fod y dehongliad yma o'r olygfa, yr unig un sy'n ffitio'r darlun a thu fewn y capel, yn awgrymu esboniad hollol wahanol i'r un a geir yn arferol. Yma, ni cheir golgyfa sy'n disgrifio duwioldeb llonydd, gwledig, ond yn hytrach, rhwyg rhwng un aelod blaenllaw a gweddill y gymuned fechan.

Mae'n awgrymu mai ymddygiad Siân, neu ei syniadau am y siôl Baisli amryliw, sy'n cael eu beirniadu, argraff sy'n cael ei nerthu wrth edrych ar yr olwg braidd yn sur ar wyneb yr hen wraig.

Gallai hynny, hyd yn oed, awgrymu ei diarddeliad o aelodaeth, dull eithaf cyffredin yn nyddiau cynnar Anghydffurfiaeth Biwritanaidd, a Methodistiaeth. Mewn amryw fannau, atal dros dro rhag aelodaeth a'r Cymun oedd y modd gorau i ddisgyblu balchder, cwerylgarwch a heresi, hyd at flynyddoedd cynnar y ganrif yma. 'Roedd diwinyddiaeth, athrawiaeth a gweithredu cadarn bryd hynny yn faterion difrifol.

Er hynny, 'rwy'n amau a oedd gan Vosper y wybodaeth angenrheidiol am grefydd yng Nghymru yn y bedwaredd ganrif ar bymtheg i geisio gwneud dehongliad o'r fath yma mewn llun. Esboniad symlach o safle Siân yw ei bod wedi ei lleoli i wynebu'r goleuni drwy'r drws agored. Nid yw hyn yn gwneud synnwyr fel darlun o wasanaeth crefyddol Cymreig mae'n wir, ond mae'n gwneud darlun mewn golau da.

Mae'n drueni, canys fel arall gallai fod wedi rhoi helfa hudol drwy'r catalogau diwinyddol a moesol, er mwyn darganfod beth oedd pechod neu wendid athrawiaethol Siân Owen.

Could She Be Leaving?

by

D. Tecwyn Lloyd

Visiting Salem Chapel recently for the first time, I wondered how many of the thousands calling there every year have noticed one remarkable fact that comes to light when one compares the stance of Curnow Vosper's main character with the actual interior layout of the chapel itself?

In the painting, the dominating character is Siân Owen, the old lady with the shawl. She appears to be walking down an aisle on her way to her usual pew, arriving rather belatedly during the customary moment of silence just before the service begins.

But when one reconstructs the positioning of the other characters within the unchanged chapel, one can see immediately that Siân Owen, far from entering the chapel, is actually leaving it. She is making her way towards the door full of determination. One of the men is looking at her moving away; the others are still seated in an attitude of prayer; the ladies are also seated and are woodenly expressionless. It would seem that the old lady has got up in mid-service, and is leaving the rest of them to it.

Obviously, this reconstruction of the scene, which is the only one that fits both the picture and the actual interior of the chapel, suggests a very different interpretation from the one usually given. Here is no longer a scene depicting placid rural piety, but rather a rift between one prominent member and the rest of the little community. It suggests that Siân's behaviour or ideas, centering around the multicoloured shawl perhaps, have been called to book: an impression strengthened by the rather dour expression on the old lady's face.

It may even suggest her expulsion from membership, a procedure by no means uncommon in the days of the earlier and more puritanical Nonconformity and/or Methodism. In many places, temporary suspension from communion and membership was often the way of disciplining pride, quarrelsomeness, heresy, etc., right up to the early years of this century. Sound theology, doctrine and practice were then serious business.

Nevertheless, I doubt if Vosper would have had the necessary knowledge of religion in 19th Century Wales to have attempted this kind of portrait. A much simpler explanation of Siân's position is that she is placed facing the main avenue of daylight through the open door. It does not make much sense as a picture of a Welsh religious service, it is true, but it makes a good painting done in good light.

A pity; for otherwise it would have provided a fascinating hunt through all the ethical and theological catalogues trying to catch out which particular dogmatic sin Siân Owen had been guilty of.

Y Salem *Arall*

('Hel Straeon')

Er syndod i bawb, datgelwyd ar y rhaglen deledu, 'Hel Straeon', ar S4C yn Ionawr 1988, fod yna lun gwreiddiol arall o *Salem* ar gael, a bod hwnnw'n wahanol i'r un traddodiadol, i ryw raddau. Mae'n 13½ wrth 15 modfedd mewn mesuriad, tua hanner maint y gwreiddiol, a'r perchennog yn foneddiges o Gaerwrangon, wyres i Frank James, y cyfreithiwr o Ferthyr Tudful. Gan ei fod yn hoffi'r gwreiddiol a oedd yn eiddo i Arglwydd Leverhulme gymaint, gofynnodd Frank James i Vosper, ei frawd-yng-nghyfraith, baentio copi manwl iddo yntau. Etifeddodd y perchennog presennol y copi hwn ym 1979 oddi wrth ei fodryb, a oedd yn ferch i Frank James.

Gwahoddwyd Peter Lord, arbenigwr ar waith Curnow Vosper, i archwilio'r ail lun, a chadarnhaodd fod y llun yn un dilys o waith Vosper, er na chafwyd sôn amdano ym mhapurau'r teulu. 'Roedd y teulu o Gaerwrangon wedi cymryd gofal mawr ohono, gan ei fod mewn gwell cyflwr na'r *Salem* traddodiadol hyd yn oed. Daeth i'w meddiant ym 1979. Tybed a wnaeth Vosper hwn yn wahanol o fwriad, rhag ffromi Oriel Arglwyddes Lever, neu efallai er mwyn osgoi cyhoeddusrwydd anffafriol? Mae'n werth cnoi cil ar y mater!

Y gwahaniaethau mwyaf amlwg yw fod Owen Siôn wedi ei adael allan, 'does dim cloc i'w weld ar y mur uwchben Rhobet Williams, ac mae'r rheilen â phegiau hongian dillad arni wedi diflannu. Defnyddiodd arddull wahanol hefyd, gan nad yw'r wynebau mor glir, nac wyneb y Diafol mor amlwg yn siôl Siân Owen.

Mae rhamant *Salem* yn cynyddu yn ei ddirgelwch o weld ei 'gymar', ac mae'r aelodau o dîm ymchwil 'Hel Straeon' i'w llongyfarch ar eu cywreinrwydd a'u dyfalbarhad yn y modd y daethant o hyd i'r darlun. Bydd yr argraff a wnaeth y rhaglen yn sicr o ddenu llawer mwy o ymwelwyr i Gefncymerau.

Mae yna lun arall — ym meddiant Mrs Annie Davies Evans yn Llanfair — ond mae'n bosibl mai ffotograff cynnar wedi ei liwio yw hwn a gyflwynwyd i'w thad gan Vosper. Mae'r un fath yn union â'r darlun cyfarwydd, ac wedi ei arwyddo arno mewn gwyn mae enw Curnow Vosper. Rhoddodd ef y darlun i dad Mrs Davies Evans, y Parch. H. Davies Jones, gweinidog Capel Salem. Gwelir ei enw, a Brynhyfryd, ar y cefn. Yma, ym Mrynhyfryd, 'roedd Vosper yn lletya pan oedd yn paentio *Salem*.

Tybed a oes yna *Salem* arall yn hongian ar ryw bared, neu'n gorwedd mewn atig?

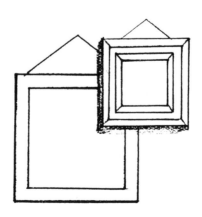

The Other Salem
('Hel Straeon')

To everyone's surprise, the S4C television programme 'Hel Straeon' of January 1988 revealed that another original *Salem* painting existed, and that it differed from its traditional counterpart. It measured 13½ ins by 15 ins, approximately half the size of the original, and was owned by a Worcester lady, the grand-daughter of Frank James, the Merthyr Tydfil solictor. As he was so enamoured with Lord Leverhulme's original, Frank James asked Vosper, his brother-in-law, to paint a replica for him. The present owner inherited it in 1979 from her aunt, who was Frank James' daughter.

Peter Lord, an authority on Vosper's work, was invited to examine the other *Salem*, and confirmed that it was a genuine Vosper, although there was no trace of it in the Vosper family records. The Worcester family had taken great care of it, as it was possibly in better condition than the Port Sunlight *Salem*. It came into their possession in 1979. Did Vosper deliberately make it different from the original in order not to offend the Lady Lever Art Gallery, or perhaps to avoid any adverse publicity? It is a matter for conjecture!

The fundamental differences are that Owen Siôn has been left out, no clock is to be seen on the wall above Robert Williams, and the clothes rail and pegs have disappeared. Vosper also used a different style of composition in that the faces are not so distinct; neither is the Devil's face so recognisable in Siân Owen's shawl.

The romance and mystery of *Salem* is enhanced with the presence of its partner, and the researchers of 'Hel Straeon' are to be congratulated on their skill and perseverance in discovering the painting and its history. The television programme will obviously result in an increased number of visitors to Cefn-cymerau.

There is another *Salem* — in the possession of Mrs Annie Davies Evans of Llanfair — but it may be possible that this is an early tinted photograph, presented by Vosper to her father. It is precisely the same as the original, endorsed on the back with the name 'Vosper' in white. The artist gave the picture to Mrs Evans' father, Rev. H. Davies Jones, minister of Salem Chapel. His name, and 'Brynhyfryd', appear beside his signature. Curnow Vosper stayed at Brynhyfryd whilst painting *Salem*.

One wonders as to the possible existence of another *Salem*, as yet undiscovered, hanging on a parlour wall, or lying in an attic somewhere?

Adeiladwyd Oriel Gelf Arglwyddes Lever rhwng 1913 a 1922 gan William Hesketh, Arglwydd Leverhulme yn ddiweddarach. Fe'i ganed ym 1851, yn fab i siopwr o Bolton, ac ym 1886 dechreuodd gynhyrchu sebon yn Warrington, Sir Gaerhirfryn. Ym 1889, enwyd ei ffatri newydd a'r pentref delfrydol i'w weithwyr yn 'Port Sunlight' ar ôl ei sebon mwyaf poblogaidd. Ym 1886 dechreuodd gasglu darluniau cyfoes Prydeinig, rhai i'w hatgynhyrchu ar gyfer hysbysebion sebon, eraill fel printiau i'w rhoi yn anrhegion i'w gwsmeriaid, ond y mwyafrif ohonynt i addurno Maenor Thornton a'i gartrefi eraill. Erbyn 1913, 'roedd ef wedi prynu casgliad enfawr James Orrock o weithiau Richard Wilson, John Constable ac eraill.

Caniatawyd i'r cyhoedd weld mwy a mwy o gasgliad Lever ym 1902 mewn arddangosfa dros dro yn Neuadd Hulme, a ddefnyddid fel tŷ bwyta gan ferched y ffatri; ac yna, ym 1911 pan drowyd Neuadd Hulme yn Oriel Gelf Gyhoeddus. Ym 1913, cynlluniodd ef Oriel Gyhoeddus newydd i'w gasgliadau, a'i chyflwyno er cof am ei wraig, a fu farw yng Ngorffennaf 1913. Costiodd yr Oriel, a orffennwyd ym 1922, dros £156,436. 'Roedd yn ganolbwynt i'w bentref delfrydol ef.

Delfryd Arglwydd Leverhulme oedd rhannu gyda'i weithwyr a'r cyhoedd y pleser a gâi o'r trysorau a gasglasai. Ceir yn yr Oriel, wedi eu dosbarthu ymhlith nifer o ystafelloedd a Neuaddau Cerflunio o amgylch y Neuadd Fawr, lawer o ddarluniau enwog o'r ddeunawfed a'r bedwaredd ganrif ar bymtheg gan Reynolds, Wilson, Turner, a'r Cyn-Raphaelwyr, Burne-Jones, Arglwydd Leighton a llawer eraill. Ceir, yn yr Oriel, un o'r casgliadau cyhoeddus gorau o gelfi cain y tu allan i Lundain. Mae'r eitemau o goed deri, cnau ffrengig, mahogani a choed satin, yn cynnwys enghreifftiau gwych o gistaniaid drâr y ddeunawfed ganrif, wedi eu cerfio a'u haddurno.

Mae'r darnau Dwyreiniol a gasglasai Lever yn hanu o'r ail ganrif ar bymtheg a'r ddeunawfed ganrif, gyda phorslên Sieineaidd o gyfnodau K'ang-hsi, Yung-cheng a Chien-lung. 'Roedd Lever yn edmygydd mawr o Josiah Wedgwood, a oedd hefyd yn arloeswr diwydiannol a chanddo gydwybod gymdeithasol, a phrynodd rai o gasgliadau gorau Wedgwood o'r cyfnod.

Gweinyddir yr Oriel yn awr gan fwrdd o Ymddiriedolwyr ar ran 'Amgueddfeydd ac Orielau Glannau Merswy'. Mae'n werth ymweld â'r Oriel petai ond i weld *Salem* yn unig.

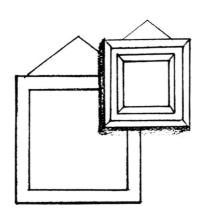

Fersiwn haniaethol o Salem *gan Hywel Harries, Aberystwyth, a baentiwyd ym 1988. Ceisiodd yr arlunydd dynnu sylw at yr amser ar y cloc, at y Diafol honedig yn y siôl, a lluniodd oleugylchoedd o amgylch pennau'r cymeriadau am fod y Cymry wedi eu canoneiddo bron./An abstract version of* Salem *by Hywel Harries, Aberystwyth, painted in 1988. The artist has drawn attention to the time on the clock, to the alleged Devil in the shawl, and to the haloes around the heads of the characters who have almost been canonised by the Welsh people.*

Evan Lloyd a oedd yn byw yn y bwthyn ar y chwith ym 1908. Yn y fan yma, Rhwng-y-Ddwy-Bont, y dechreuwyd achos y Bedyddwyr ym 1826./Evan Lloyd lived in the cottage on the left in 1908. On this site, 'Rhwng-y-ddwy-bont', the Baptist cause began in 1826.

Y tu mewn i gapel Salem Cefncymerau. Sylwer ar y pulpud arbennig sy fel 'blwch tyst'. Mae Salem wedi ei gofrestru fel 'lle o ddiddordeb hanesyddol'./The interior of Salem, Cefncymerau. Note the distinctive pulpit in the form of a witness box. Salem is now registered as a 'place of historical interest'.

Capel Salem Cefncymerau./Salem Chapel Cefncymerau.

The Lady Lever Art Gallery was founded and built between 1913 and 1922 by William Hesketh Lever, later Viscount Leverhulme. Born in 1851, the son of a Bolton grocer, he began manufacturing soap in Warrington in 1886. In 1889, his new soap factory and Model Village for his workers was named Port Sunlight after his most successful brand of soap.

In 1886 he began collecting contemporary British paintings, some to be reproduced as soap advertisements, others as prints to be presented as gifts to customers, but most of them simply to decorate Thornton Manor and his other homes. By 1913 he had bought James Orrock's large collection of works by Richard Wilson, John Constable and others.

Public access to all parts of Lever's collection was increased, first in 1902 by a temporary exhibition in Hulme Hall, then the restaurant for Port Sunlight's female staff; and then in 1911 by the conversion of Hulme Hall into a public art gallery. In 1913 he planned a new public art gallery for his collection, and dedicated it to the memory of his wife who died in July 1913, as the Lady Lever Art Gallery. This was completed in 1922, at a total cost of £156,436, and was the centre-piece of his Model Village.

Lord Leverhulme's idea was to share with his workforce and the general public the pleasure that his collected treasures gave him. Arranged in a suite of rooms and Sculpture Halls surrounding a central Great Hall, the Gallery has many notable 18th and 19th century paintings by Reynolds, Wilson, Turner, and by the Pre-Raphaelites, Burne-Jones, Lord Leighton and many others.

The Gallery has one of the finest public collections of furniture outside London. The fine oak, walnut, mahogany and satinwood items, some carved and inlaid, include outstanding late 18th century commodes.

The Oriental pieces collected by Lever date mainly from the 17th and 18th centuries, with Chinese porcelain of the K'ang-hsi, Yung-cheng and Chien-lung periods. Lever admired Josiah Wedgwood as another pioneer industrialist with a social conscience, and bought some of the finest Wedgwood collections of the day.

The Gallery is now administered by a Board of Trustees for the 'National Museums and Galleries on Merseyside'. It is well worth a visit, even if only to see *Salem*.

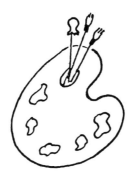

Ymddangosodd y llun hwn gyntaf yn Y Cymro ar 27 Ionawr, 1988. Nid yw'r darlun ar y mur a ddangosodd Gwyn Llywelyn, ar raglen 'Hel Straeon' S4C, yn cynnwys y cloc, na'r rheilen ddillad, nac Owen Siôn./This photograph first appeared in Y Cymro on 27 January, 1988. The painting on the wall, shown by Gwyn Llewelyn in the programme 'Hel Straeon' on S4C, does not feature the clock, nor the coat rail, nor Owen Siôn.

Blaen Oriel Gelf Arglwyddes Lever./Front view of the Lady Lever Art Gallery.

Salem

gan

T. Rowland Hughes

Siân Owen Ty'n y Fawnog yw'r hen wraig
  A wisgai'r siôl a'i hurddas benthyg, mwy,
Hen wreigan seml a chadarn fel y graig
  Uwch Cefncymerau, lle'r addolant hwy,
Y cwmni gwledig ar ddiarffordd hynt —
  Siân Owen, Wiliam Siôn ac Owen Siôn,
A Robat Wilias o Gae'r Meddyg gynt,
  A Laura Ty'n y Buarth fwyn ei thôn.

Mi gwrddaf wybodusion llawer byd,
  Y prysur-bwysig, y ceffylau blaen,
A chlychau'u harnes, heb un eiliad fud,
  Yn gyrru powld, fawreddog swˆn ar daen.
Mor felys wedyn yw eich byd di-sôn,
  Siân Owen Ty'n y Fawnog, Wiliam Siôn!

Salem

by

T. Rowland Hughes

Siân Owen, Ty'n y Fawnog, in her long
  Grand shawl, a borrowed dignity displays,
A simple little woman, but as strong
  As Cefncymerau Rock, where peasants
        praise
The Lord, and plod the lonely rural road;
  Siân Owen, Wiliam Siôn, and Owen Siôn,
And Robat Wilias, from his far abode,
  And Laura Ty'n y Buarth, of gentle tone.

And being acquainted with the world's elite,
  Important stalwarts, pompous in their poise,
Whose harness bells, without once being
        discreet,
  Ring out an impudent, ostentatious noise,
Your simple world I never would disown,
  Siân Owen Ty'n y Fawnog, Wiliam Siôn.

trans. Alan Llwyd

T. Rowland Hughes

(Awdur 'Salem' a 'Steil')

Ganed T. Rowland Hughes yn Llanberis, Sir Gaernarfon (Gwynedd) ym 1903, yn fab i chwarelwr. Wedi ysgol a choleg, bu'n dysgu Saesneg yn Aberdâr, ac yna yng Ngholeg Harlech, cyn mynd i Lundain fel Warden Canolfan Addysg i Oedolion, ac i ofalu am Theatr Fach Tavistock.

Yn fuan dychwelodd i Gaerdydd fel cynhyrchydd i'r BBC. Bu'n brifardd yn yr Eisteddfod Genedlaethol ddwywaith, ac 'roedd yn feirniad, storïwr a llenor eithriadol. Mwynhai lunio cerddi fel 'Salem', a chenir ei emyn 'Tydi a roddaist liw i'r wawr' yn aml gan gorau meibion. Mae'n fwy enwog fel nofelydd, ac ymhlith ei nofelau enwocaf mae *O Law i Law* a *William Jones*. Wedi dioddef salwch hir bu farw ym 1949.

T. Rowland Hughes

(Author of 'Salem' and 'Steil')

T. Rowland Hughes was born in Llanberis, Caernarfonshire (now in Gwynedd) in 1903, the son of a slate quarryman. After graduating, he taught English at Aberdare initially, then at Coleg Harlech, before becoming the Warden of an Adult Education Centre in London and running the Tavistock Little Theatre.

He soon returned to Cardiff as BBC producer. He won the chief Bardic honours at the National Eisteddfod on two occasions, and was an adjudicator, a narrator, and a talented writer. He enjoyed writing poetry like 'Salem', and his hymn, 'Tydi a roddaist liw i'r wawr' ('Thou gavest the dawn its colour'), is very popular with Male Voice choirs. He is more famous as a novelist, and among his most famous novels are *O Law i Law* (From Hand to Hand) and *William Jones*. After a long period of illness he died in 1949.

T. Rowland Hughes.
Awdur 'Salem' a 'Steil'.
Author of 'Salem' and 'Steil'.

Y Gamp

Am Curnow Vosper:

Canaf i'r dwylo cynnil,
I ddyn o artistaidd hil
A roes Salem a'i emyn
A'i naws lleddf ym mynwes llun,
A roes weddi ar liain
A hedd cwrdd â'i fysedd cain.

Am Siân Owen:

A wêl y gamp geilw i go'
Swyn y gymdeithas honno,
Gwerin o ddedwydd linach
Y tyddyn a'r bwthyn bach.
Huawdl oedd ei dwylo hi,
Glân ei chân yn ei chyni.

(Rhan o awdl fuddugol y Prifardd Dic Jones,
yn Eisteddfod Genedlaethol yr Urdd, Llanbedr
Pont Steffan, 1959)

The Feat

On Curnow Vosper:

I sing to the hands of genius,
To a son of artistic soul
Who froze the hymns of Salem
And its moods with his wond'rous art,
Who conveyed peace to canvas
And prayer with his tutored brush.

On Siân Owen:

Who sees this art calls to mind
The charm of that vanished order,
The yeomen of the happy
Lineage of cottage and craft.
Eloquent were its calloused hands,
Pure its song in its hardships.

trans. Dic Jones

(Part of the winning poem by Chaired Bard
Dic Jones, Cardigan, at the Urdd National Eis-
teddfod, Lampeter, 1959)

Cyfres o Englynion

gan

G. Tecwyn Jones

Salem

Nid y llun na'r arlunydd — biau'r hawl
I'r bri hael a'r clodydd;
Nid diafol mewn siôl sydd
Yn Salem yn breswylydd.

Os diafol sy'n siôl 'rhen Siân, — O mae'n swil
Yma'n Salem wiwlan;
Mae'r archelyn ei hunan
Yn rhy lwfr i'r fangre lân.

Fe erys gwefr rhyw oes gu, — a harddwch
Hen urddas i ffynnu,
A gwydnwch sêl sy'n celu
Breuder hen falchder a fu.

Druan o'r hen Siân a'i siôl, — nid yw mwy
Onid myth ffansïol;
Nid yw'r ffug ysblander ffôl
Yn nhras yr ias arhosol.

Diwrnod Marchnad yn yr Hen Gymru
— campwaith arall gan Vosper

*Fe'i paentiwyd ym 1909, a'i gyflwyno i
Amgueddfa Genedlaethol Cymru ym 1914. Maint:
$14\frac{1}{2} \times 11\frac{3}{4}$.*

Bu'n farn gyffredinol mai *Diwrnod Marchnad
yn yr Hen Gymru* oedd brawd-ddarlun *Salem*. Yn
wir, yn ôl llawer o Gymry ofergoelus, 'roedd
yn beth anlwcus arddangos un darlun heb y
llall. Fe'i paentiwyd gan Curnow Vosper yng
nghegin Wiliam ac Owen Siôn, y ddau hen
lanc a drigai gyda'u chwaer Mari yng
Ngharleg Coch, Llanfair.

Yn y darlun gwelir Siân Owen yn paratoi ei
nwyddau ar gyfer y farchnad, ac mae'n
gwisgo'i dillad bob dydd, sy'n fwy cymwys i'w
hamgylchedd. Nid oedd ei thyddyn yn cyn-
hyrchu rhyw lawer iawn o wyau, menyn a
chaws, ond 'roedd gwerthu'r rhain mewn
marchnadoedd agos yn help i gael y ddau ben
llinyn ynghyd. Gwaith Siân drwy'r wythnos
oedd godro'r fuwch, corddi'r llaeth a
gwahanu'r hufen er mwyn cynhyrchu rhyw
ychydig o gaws.

Hoffodd Curnow Vosper awyrgylch cegin
Carleg Coch, gan ei bod mor nodweddiadol o
geginau Cymru wledig yn amser caledi. Safai'r
bwrdd tair coes yn gadarn ar y llawr cerrig
anwastad, a defnyddid y sgiw ar y chwith fel
sedd ac fel lle i storio dillad gwely. Yr unig
arwydd o falchder yn y gegin yw'r rhes o

blatiau patrwm-helyg ar y ddresel Gymreig.
Gwelid cloc mawr, teclyn drud iawn erbyn
hyn, yn y mwyafrif o gartrefi Cymru.

Mae Siân, fel y rhan fwyaf o wragedd
Cymru yn y cyfnod, yn gwisgo siôl, er mwyn
cadw rhan uchaf y corff yn gynnes a'r
breichiau'n rhydd at ei gwaith. Yr un oedd yr
het gopa tal ag a wisgai Siân yn *Salem*, eiddo i
Elin Edwards, Tŷ'r Capel. Yn ystod dyddiau
gwaith, gwisgai Siân y clocsiau cadarn, o bren
a lledr â blaen o ddur, a welir yn y darlun; ond
ar y Sabath, esgidiau duon uchel, wedi eu
clymu â charrai lledr, a oedd ar ei thraed.

Tybed a fyddai *Diwrnod Marchnad yn yr Hen
Gymru* wedi cael yr enwogrwydd a gafodd
Salem pe bai'r arlunydd wedi rhoi ffurf 'Y Gŵr
Drwg' yn rhywle yn y darlun?

'Roedd gan Curnow Vosper feddwl uchel
iawn o awyrgylch a phriodoldeb cegin Carleg
Coch. Ar wahân i amsugno ysbryd y fangre ar
gyfer *Diwrnod Marchnad yn yr Hen Gymru*, bu
yno hefyd yn tynnu darlun o Ann Lloyd, Llan-
fair (nain y Parchedig G. Lloyd Humphreys,
Llanfair, Harlech) yn magu baban mewn hen
wely 'wenscot'.

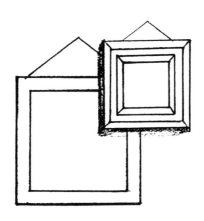

Market Day in Old Wales — another of Vosper's masterpieces

Painted in 1909, donated in 1914 to the National Museum of Wales. Size: 14½ × 11¾.

Market Day in Old Wales has always been regarded as Salem's sister-painting. In fact, many superstitious Welsh people have regarded it as unlucky to display one painting without its partner. Curnow Vosper painted it in the kitchen of Wiliam Siôn and Owen Siôn, the two bachelors who lived with their sister Mari in Carleg Coch, Llanfair.

In the picture, Siân Owen is seen preparing her goods for market, and is wearing her everyday clothes which are more in keeping with her surroundings. Her smallholding did not produce large quantities of eggs, butter and cheese, but the sale of these items at nearby markets helped to make both ends meet. It was Siân's work throughout the week to milk the cow, churn the butter, and to separate the cream to produce small amounts of cheese.

Vosper liked the atmosphere of the kitchen at Carleg Coch, as it was so typical of Welsh rural kitchens in times of hardship. The three-legged table balanced neatly on the uneven slabbed floor, and the settle on the left served both as a seat and as storage for bedclothes. The only mark of ostentation in the kitchen is the row of willow-pattern plates on the Welsh dresser. The grandfather clock, now an expensive item, was to be found in most Welsh homes.

Siân wears a shawl, as most ladies did, as a very effective method of keeping the upper part of the body warm. The steeple hat was the same one as worn by Siân in *Salem*, and was the property of Elin Edwards who lived at Chapel House. For everyday use, Siân wore the sturdy steel-tipped wood and leather clogs she displays here, but on the Sabbath, it was high black leather lace-up boots that graced her feet.

It is a matter for conjecture whether *Market Day in Old Wales* would have become as famous as *Salem* had the artist hidden the form of 'the old scamp' somewhere in the painting.

Vosper had a high regard for the atmosphere and suitability of the kitchen of Carleg Coch. Apart from having used it for the painting of *Market Day in Old Wales*, he chose it as the setting for another painting showing Ann Lloyd nursing a baby in the traditional wainscot cradle. (She was the grandmother of Rev. G. Lloyd Humphreys, Llanfair, Harlech).

Steil

gan

T. Rowland Hughes

Yr oedd hi'n braf cael bod mewn steil
Am dro, Siân Owen, ond ni ddeil
Y siôl i'w gwisgo Sul a gwaith,
Na'r sgyrt o frethyn du ychwaith.

Yr oedd hi'n brafiach ffordd i lun
Drwy'r gegin, yn dy siôl dy hun,
Amdanat farclod llwydlas, glân,
A'th glocsiau am dy draed, 'r hen Siân.

Nid dweud yr wyf mai urddas ffôl
Oedd urddas benthyg, crand, y siôl.
Ond pam y syllit ti mor daer,
Mewn anesmwythyd, yr hen chwaer?

Yr wyf fi'n falch fod cysgod gwên
Ar d'wyneb yn y gegin hen,
A'th fod di'n llonnach yn y llun
Ohonot yn dy siôl dy hun.

Style

by

T. Rowland Hughes

Although, Siân Owen, it did not hurt
To wear the shawl and black-clothed skirt,
To wear them daily would present
An image full of false intent.

A portrait on the kitchen wall
Of you dressed up in your own shawl,
And a clean, grey apron from the barn,
And clogs, would seem more comely, Siân.

No, Siân, I would not dare suggest
That it was foolish to be dressed
In borrowed garments such as these,
But why did you look ill at ease?

How glad I am to see you smile
In this old kitchen, without style;
How homely you appear to all
Wearing your own unborrowed shawl.

trans. Alan Llwyd

Heddiw gwisgir y 'wisg genedlaethol Gymreig' gan ferched ar achlysuron arbennig fel Dydd Gŵyl Ddewi, dawnsio gwerin ac eisteddfodau, ond nid oes tystiolaeth i ferched Cymru'r gorffennol wisgo'n gyffredinol yn y ffordd hon.

Mae'n debyg na newidiodd gwisg gwerin Cymru fawr ddim yn ystod y ddeunawfed ganrif. Nid oedd y dillad yn nodweddiadol Gymreig, ond datblygodd ffasiwn y dydd nodweddion lleol mewn defnydd a lliw, o fewn y gymdeithas wledig. Ceisiodd y bobl gyffredin efelychu'r ffasiwn gyfoes, ond trwy ddefnyddio brethyn cartref a gwlanen gyda phatrymau o streipiau a sieciau, yn hytrach na sidan a brocêd.

'Doedd dim nodweddion pendant yn perthyn i ardaloedd neilltuol, fel y tybia ambell awdur, er i rai rhanbarthau arbenigo mewn rhai lliwiau a rhai mathau o ddefnydd. Fe allai hefyd fod yna berthynas rhwng y lliwio a'r llystyfiant lleol. Mae'n debygol i'r patrymau a'r dulliau amrywio gyda'r ardal — y lliwiau llachar, yn ôl ambell awdur, yn enwedig mathau o goch, yn gyffredin yn y De, a lliwiau mwy di-liw yn y Gogledd.

Yna, tua diwedd y ddeunawfed ganrif, daeth cyfnod o gyfnewid naturiol lle yr ymddangosodd amrywiaeth. O ganlyniad i berthynas agos rhwng Cymru a Lloegr, gorlifodd syniadau a defnyddiau newydd o'r ffatrïoedd a'r melinau, a chan i'r rhain gael eu harddangos yn siopau bach Cymru gyfan, gwelwyd yr effaith ar wisgoedd gwragedd cefn-gwlad Cymru. Yn ystod y cyfnod hwn dymunodd rhai pobl gadw'r delfryd o wisg Gymreig ddigyfnewid a'i hystyried yn wisg 'genedlaethol'.

Tua 1830 ymdrechodd Augusta Hall, sef Arglwyddes Llanofer fel yr adwaenid hi'n ddiweddarach, a gwraig o ddylanwad a phenderfyniad mawr, yn fwy na neb i safoni a phoblogeiddio'r wisg. Wrth farnu'r tueddiad i ffafrio'r defnyddiau ysgafn a lliwgar, perswadiodd hi uchelwyr y gymdeithas i wisgo dillad gwlanen trwm mewn eisteddfodau ac ar achlysuron cyhoeddus, gan hawlio mai un o nodweddion amlycaf a mwyaf addurniadol y wlad oedd y wisg Gymreig.

Wrth i'r ganrif fynd yn ei blaen, ychydig a gadwai at yr hen bilynnau a'r hen ddefnyddiau, er ei bod yn bosibl gweld ambell hen wraig yn glynu wrth ffyrdd ei hieuenctid a bodloni eu gwisgo o dro i dro. Diflannu'n dawel a wnaeth yr hen wisg; y fonet Fictorianaidd yn disodli'r het gopa tal, a'r 'pais a betgwn' yn cael eu gwisgo llai a llai.

Gwelodd rhan olaf yr un ganrif y cardiau post a'r 'pethau i'w cofio', a'r cribddeilwyr yn gwneud elw ar yr hen draddodiadau a'r crefftau. Ceisient eu gorau i ddarbwyllo ymwelwyr i Gymru taw'r gorffennol oedd y presennol. Rhaid yn awr oedd harddu'r wisg, defnyddio mwy o liwiau llachar, cotwm yn lle brethyn cartref, blows a sgert yn lle'r betgwn, lleihau'r ffedog a'i gwneud yn fwy twt, a startsio llinynnau'r bonet a'u lledaenu. Gwnïwyd ffriliau o dan ymyl yr het yn lle'r bonet ei hun, ac ychwanegu ffriliau wrth y garddyrnau a'r bodis. Yn lle'r siôl wlanen wrs, ceir ambell siôl Baisli yr ystyriai llawer, er yn anghywir, ei bod yn rhan anhepgor o'r wisg draddodiadol. 'Gimig' i ddenu ymwelwyr oedd y cyfan wrth gwrs, ond dechreuodd y Cymry ailymddiddori yn y wisg Gymreig a fu bron â diflannu.

Heddiw mae'r hen wisg wledig wedi ei hadnewyddu yn wisg ddeniadol, brydferth ar gyfer achlysuron arbennig.

Today, the Welsh national costume is worn by women on special occasions such as St David's Day, folk dancing and eisteddfodau, but there is no evidence that Welsh women in general in the past dressed in such a fashion.

It seems that Welsh country folk dress remained much the same throughout the 18th century. The garments worn were not characteristically Welsh, but contemporary fashion developed local characteristics of material and perhaps colour within a rural society. Ordinary folk endeavoured to follow the fashion of the day, but used home-spun material or flannel patterned in stripes and checks, instead of brocades and silks.

There were no clear-cut regional characteristics, as some writers would have us believe, although various areas specialised in their own colour and kind of cloth. There might also have been a connection between the dyes used and local vegetation. Patterns and styles probably varied with locality — some writers attributing brighter colours, especially shades of red, to the South, and less colourful shades to the North.

Then towards the end of the 18th century we have a period of natural change where variety crept in. As a result of closer relationships between England and Wales, a flood of new ideas and materials poured in from new factories and mills, and were seen in the small shops all over the country, the effect of which was seen in the dress of even the country women of Wales. During this period some people desired to retain an 'ideal' unchanging Welsh costume, and consider it a 'national' costume.

From about 1830, Augusta Hall, or Lady Llanofer, as she later became, a woman of great determination and influence, did more than anyone else to standardise and popularise the costume. Attacking the tendency to use lighter and more colourful materials, she persuaded her society friends to wear the heavy flannel garments at eisteddfodau and other public occasions, claiming that the Welsh costume formed one of the most characteristic and ornamental features of Wales.

From the middle of the 19th century onwards, few women kept to the old garments and materials, although it was possible to come across an occasional old lady who clung to the ways of her youth and was prepared to revert to them at times. The old costumes faded away; the tall hat yielded to the popular Victorian bonnet, and the old 'pais a betgwn' was worn less and less.

The latter part of the 19th century saw the picture postcard men and souvenir makers commercialising and exploiting old Welsh traditions and crafts. They tried to convince tourists to Wales that the past was still the present. Now, the costume had to be prettified: brighter colours were used; cotton instead of homespun flannel; a blouse and skirt instead of a bedgown; the apron reduced to make the costume look more 'chic'; bonnet-strings starched and spread wide. Even the bonnet worn beneath the hat was replaced by frills sewn under the brim itself; frills were added at wrists and bodice; instead of the rough, woollen shawl, we have the Paisley one, thought by many, but incorrectly, to be an indispensable part of the traditional peasant costume. All this commercialising was just a tourist attraction, but all over Wales people began to interest themselves anew in a so-called national dress that had disappeared.

Today, the old country dress is re-created as a new and more glamorous dress for special occasions.

Betgwn: Dilledyn uchaf llac oedd hwn, wedi ei ranguddio gan ffedog a siôl. Fe'i gwneid o wlanen leol drwchus, y gŵn yn cynnwys bodis a sgert gyda'i gilydd, gyda blaen y sgert yn agored er mwyn dangos y bais. Yn wreiddiol, golygai'r gair 'sgert' y rhan isaf o'r gŵn, a 'pais' oedd yr hyn a elwir yn awr yn sgert.

Ar ddechrau'r bedwaredd ganrif ar bymtheg 'roedd sgertiau'n hir, weithiau gyda dwy blêt wrthdro ar y cefn i roi llawnder, a dau fotwm bach wedi eu gorchuddio gan ddefnydd. Gellid codi'r corneli wedyn, a'u pinio neu eu botymu i waelod y cefn, fel na byddent yn rhwystr wrth weithio. Yn ddiweddarach yn y ganrif collodd y betgwn ei sgertiau'n llwyr, gan ddatblygu i fod yn flows fer, neu 'wn bach', gyda chytiau a oedd yn debyg iawn i *basques* a oedd yn cyfateb i siaced fer y ddeunawfed ganrif.

Ychwanegwyd brêd o liw tebyg neu liw cyferbyniol at hem y sgert. 'Roedd gan y bodis iau gron neu ar ffurf 'V', wedi ei bachu, nid ei botymu, wrth y wasg. Fel rheol ceid naill ai llewys hir a chlos, neu o hyd tri chwarter, a gweddol lydan. Pan geid llewys byr i'r betgwn, 'roedd dwy lawes liain ar gael y gellid eu ffitio wrth y benelin.

Pais: Ymestynnai'r bais hyd at y migwrn, ac 'roedd yn llawn fel rheol, gyda streipiau fertigol. 'Roedd iau ddofn iddi, a'r cefn a'r blaen wedi eu pletio ati. Ambell dro ychwanegid dau neu dri thwc ar waelod y bais er mwyn rhoi cryfder iddi, ac i'w hymestyn, neu gellid cryfhau'r ymyl gyda hem ddofn a brêd o'r unlliw neu liw cyferbyniol.

Ffedog: Gwisgid hon i arbed blaen y bais, a'i maint yn unig a'i gwahana oddi wrth ei chymar modern. Llwyd a du, du a gwyn, neu gyfuniad o'r tri, oedd y lliwiau arferol. 'Roedd yn fawr, a chyffforddus, ac fe'i defnyddid at bob pwrpas.

Siôl: Rhoddid y siôl, sgwâr o wlanen, wedi ei phlygu'n groeslinol, dros y betgwn i guddio'r gwddf isel ac i gadw'r ysgwyddau'n gynnes. Gelwid y siôl fach yn 'whittle', tra plygid y siôl fawr ar ei hyd er mwyn magu baban yn ôl y ffasiwn Gymreig. Fel yn achos rhannau eraill o'r wisg, amrywiai'r siôl yn ôl yr ardal. Mae'n debyg mai hoff liw'r arfordir oedd coch neu ysgarlad, tra oedd patrymau siec du yn dderbyniol mewn rhanbarthau eraill.

Clogyn: Ystyrid hwn yn ddilledyn pwysig iawn, ac fe'i gwisgid mewn tywydd garw. 'Roedd yn ddigon i guddio'r dillad i gyd, gyda chwfl yn rhwym wrtho ambell waith, i fynd dros hyd yn oed yr het. Gwelir clogyn tebyg ar y setl yn y darlun *Diwrnod Marchnad yn yr Hen Gymru*.

Het: Mae'r het gopa tal, neu'r het afanc, a oedd yn boblogaidd iawn yn y bedwaredd ganrif ar bymtheg ac yn edrych fel pe bai yn adlewyrchiad o ffasiwn yr ail ganrif ar bymtheg, wedi bod yn bwnc dadleuol ers peth amser. Mynegid y farn ers talwm fod merched y dosbarth tlotaf yn gwisgo'r un hetiau ac esgidiau â'r dynion, tra barnai eraill nad oedd y ffasiwn o wisgo hetiau meindwr mor gyffredin ag y tybid. 'Roedd yr het afanc mor ddrud fel na allai neb ond y gweddol gyfoethog brynu rhywbeth a oedd yn foeth yn hytrach nag yn anghenraid. Bu'n fwy ffasiynol yn y trefi mawr, megis Caerfyrddin, Bangor a Chaerdydd. Tua diwedd y ddeunawfed ganrif a dechrau'r bedwaredd ganrif ar bymtheg, 'roedd arwyddion fod ei phoblogrwydd yn cynyddu, a'i bod yn cael ei chynhyrchu'n lleol, naill ai o ffelt, ffwr afanc neu o wellt. Amrywiai ei siâp gryn dipyn, yn ôl lleoliad yr ardal. Cafwyd rhai hetiau uchel, rhai'n sgwâr ac yn isel heb feinhau fawr, tra oedd eraill ar ffurf 'côn'.

Copa gwastad a oedd gan yr 'het gocos' wellt a oedd yn boblogaidd iawn ym mro Gŵyr, ac fe'i galwyd hi felly gan y gwisgid hi gan ferched i gario bwcedi a basgedi cocos ar eu pennau.

Bonet: Gyda'r het, yn ddieithriad, gwisgid 'cap mob' destlus gwyn, gyda ffrilen ar ddull bonet baban, a dau linyn i'w clymu o dan yr ên.

Bedgown: This was a loose upper-garment, partly hidden by apron and shawl. It was made of heavy local flannel and the gown consisted of bodice and skirt together, the front of the skirt being open to show the petticoat. At that time the word 'skirt' referred to the lower part of the gown, and 'petticoat' meant what we now call the skirt.

At the beginning of the 19th century, skirts were sometimes long, having two inverted pleats at the back to give fullness, with two small buttons covered with material. The front corners could then be hitched and pinned or buttoned to the small of the back, out of the way while working. Later in the century the 'betgwn' lost its skirts altogether and developed into a short blouse or gown called 'gŵn bach', the tails of which were sometimes little more than 'basques', corresponding to the 18th century short jacket.

The hems of skirts were finished with braid of matching or contrasting colour. Bodices had round or 'V' shaped yokes, and were hooked (never buttoned) at the waist. Sleeves were long and tight fitting or sometimes of three quarter length and fairly wide. When the sleeves of the bedgown were short, two detachable linen sleeves were fitted at the elbow.

Petticoat: This was ankle length, fairly full generally with vertical stripes. The top was gathered or pleated into a plain black or grey yoke to fit the waist. Two or three tucks were sometimes added to the bottom for extra firmness and for lengthening. The bottom edge could also be stiffened with a deep hem and braid of matching colour.

Apron: This was universally worn to protect the petticoat front and differed from its modern counterpart in size only. The flannel colours were mainly grey and black, black and white, or a combination of all three. It was large, comfortable and used for all purposes.

Shawl: The shawl, a square of flannel folded diagonally, was worn over the bedgown to cover the low neckline and to add warmth to the shoulders. A smaller shawl was called a 'whittle' or 'turnover', while a large shawl folded along its length was used to nurse a baby in 'Welsh fashion'. Like all other items of dress, the shawl varied according to locality. It seems that the favourite colour in coastal areas was red or scarlet, while black check patterns were popular in other regions.

Cloak: This was considered a very important garment which was worn in inclement weather. It was large enough to cover all clothing, with sometimes an attached hood to go over even the tall hat. Such a cloak can be seen on the settle in the painting *Market Day in Old Wales*.

Hat: The tall beaver or steeple hat, so popular in the 19th century, and looking very much like a revival of the 17th century styles, has long been a controversial topic. It was observed by some writers that the women among the poorer classes wore the same hats and boots as the men, while others recorded that steeple hats were not as commonly worn as was thought. The glossy beaver hat seems to have been quite expensive, so prohibiting all but the fairly well-to-do from buying what was considered to be more of a luxury than a necessity. It was a fashion that was seen more in larger towns such as Carmarthen, Bangor and Cardiff. By the end of the 18th century and the beginning of the 19th, it seems to have become more popular and was made locally, either of felt, beaver fur or straw. Its shape varied a great deal with the locality. Some hats were tall, some shallower and squarer, hardly tapering at all, while others were more cone-shaped.

The straw hat, familiarly known as the 'cockle hat', was flat-topped and very popular in Gower, and so called because it was worn by girls carrying pails and cockle baskets on their heads.

Gorchudd ychwanegol oedd hwn i'r wyneb a'r gwddf. Heddiw, rhoddir yr argraff o fonet drwy osod lês gwyn o dan gantel yr het.

Clocsiau: Nid oedd yn anarferol i'r werin fynd yn droednoeth, gan fod esgidiau'n ddrud iawn. Fel rheol, 'roedd y dosbarth gweithiol, yn enwedig gweision fferm, yn wŷr a gwragedd, yn gwisgo clocsiau neu esgidiau â gwadnau pren, fel esgidiau bob dydd. O bren gwernen y gwneid y gwadnau, a'r rhannau uchaf o ledr wedi eu clymu â charrai lledr. Sylwer ar glocsiau Siân Owen yn *Diwrnod Marchnad yn yr Hen Gymru*. Pan oedd pobl yn berchen ar esgidiau, fe'u cedwid ar gyfer y Sabath a gwyliau, gan mor barchus oeddent o'u heiddo.

Blaen y betgwn./Front view of bedgown.

Clocsiau gwadnau pren.
Wooden soled clogs.

Bonnet: A neat, white, frilled mob-cap or bonnet of baby style with two strings to tie under the chin was invariably worn with the hat. This was an added protection to the neck and face. Today the impression of a bonnet is given by sewing white lace to the underside of the hat brim.

Clogs: It was not unusual for ordinary folk to go about bare-footed as shoes were expensive items. Usually, the working people, especially farm-hands, both male and female, wore clogs or wooden soled shoes for everyday wear. The sole was made of alder with leather uppers fastened with leather laces. Notice Siân Owen's clogs in *Market Day in Old Wales*. When boots were owned, they were reserved for Sundays and holidays, such was the regard of the wearers for their treasured possessions.

Cefn y betgwn./Back view of bedgown.

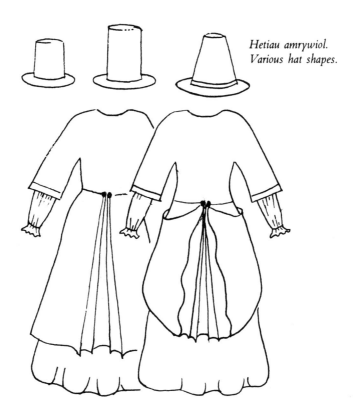

Hetiau amrywiol.
Various hat shapes.

Mae Salem yn cysgodi rhwng y coed ar lan afon Artro, rhyw filltir o bentref Llanbedr, sydd ar ffordd yr A496, rhwng y Bermo a Harlech, Gwynedd. Ei enw llawn yw Salem Cefncymerau. I ymwelwyr sydd yn teithio ar y trên, ar reilffordd Arfordir Cambria, mae gorsaf yn Llanbedr, lle gall y daith hanesyddol ddechrau.

Enw ffermdy Robert ac Anne Wynne yn wreiddiol oedd 'Cefncymerau', ac fel y datblygodd yr ardal o gylch y fferm, mabwysiadodd enw'r fferm. Rhennir Cefncymerau yn 'cefn' (*ridge* neu *back*) a 'cymerau' (*confluence*) — lle mae'r ddwy afon, afon Artro ac afon Nantcol, yn uno.

Er pan baentiwyd y darlun ym 1908, mae miloedd lawer wedi pererindota i Gefncymerau a chapel Salem, ac mae'r rhif yn cynyddu'n flynyddol. Wedi gadael pentref Gwynfryn, wrth fforch yn yr heol, cymerer y ffordd ddeau, ac wedi croesi'r bont, troer i'r chwith yn syth, dros yr alch greaduriaid a phasio'r bythynnod cerrig ar y dde. Dyma safle Capel Rhwng-y-Ddwy-Bont, lle y cyfarfu'r Bedyddwyr cyn adeiladu Salem. Tua hanner canllath ymlaen, ar y chwith, y saif Salem, yn edrych yn debyg i res o fythynnod, fel pe bai ymgais wedi ei wneud i guddio'i wir hunaniaeth.

Ardal ddymunol yw Cefncymerau, â llwybrau'n arwain drwy'r meysydd a'r coedwigoedd, a dwy afonig grisial-glir yn ymdroelli i lawr y llechweddau. Y prydferthwch hwn, a natur garedig yr ardalwyr, a oedd yn denu'r ymwelwyr, hyd yn oed ar ddiwedd y bedwaredd ganrif ar bymtheg, ac ymhlith yr ymwelwyr o fri ar ddechrau'r ganrif bresennol yr oedd Cymdeithas y 'Fabians', gan gynnwys George Bernard Shaw, a Dr Dale, y diwinydd enwog o Birmingham.

Yn ddiweddarach gwelodd cynhyrchwyr ffilmiau bosibiliadau'r gymdogaeth, a ffilmiwyd rhannau o *Elephant Boy* a *Red Beret* yma yng Nghwmbychan. Mae hen chwareli Llanfair yn denu pobl wrth eu miloedd, ond mae Cefncymerau yn atynfa o hyd i'r rhai sy'n ceisio edrych yn ôl i'r gorffennol.

Yn y capel bach diaddurn, nad yw byth yn cau ei ddrysau, gall yr unigolyn ymgolli yn yr hedd a'r tawelwch; gall gynnal gwasanaeth syml, a dychmygu cymuno â Siân Owen a'i chyd-addolwyr.

'Roedd y cerddor adnabyddus Meirion Williams, brodor o Ddyffryn Ardudwy, yn hoff iawn o grwydro yng Nghwmnantcol, ac o'r gyfrol *Perlau'r Ffriddoedd*, gan John Evans, y cafodd y geiriau ar gyfer un o'i ganeuon enwog, 'Sul y Blodau'.

Yn ôl y Cofnodion Eglwysig, cychwynnwyd adeiladu pontydd yn yr ardal tua 1807, pan godwyd pompren yn Aberartro a'r ddau blwyf, Llanenddwyn a Llanbedr, yn rhannu'r gost. Adeiladwyd pont Beser a phont Cwmnantcol ym 1840.

Ar un cyfnod ym mhentrefi bach Gwynfryn a Phen-y-bont 'roedd toreth o fasnachau bychain. Lleolwyd ffatri wlân yng Ngwynfryn, tra oedd cryddion, teilwriaid, gwehyddion a seiri yn gweithio o'u cartrefi. Gwelwyd gefail ym Mhen-y-bont, a oedd mewn safle cyfleus gerllaw'r ffordd uchaf i Harlech. Wrth yrru eu gwartheg a cheffylau i Ddolgellau byddai'r porthmyn yn pedoli'r anifeiliaid ym Mhen-y-bont.

Hyd at 1950, 'roedd adfeilion tanerdy, sef ffatri ledr Wern Gron, i'w gweld o hyd. 'Roedd mor llewyrchus fel y deuai masnachwyr o Lundain a Swydd Efrog yn gyson i brynu holl gynnyrch y ffatri, a oedd o ansawdd uchel iawn. Gan fod gwehyddion yng Ngwynfryn, yn naturiol 'roedd sawl pandy gerllaw, er mwyn glanhau a thewhau'r gwlân. Amaethyddiaeth a thyfu llafur oedd diwydiant sylfaenol yr ardal, ac 'roedd yna felin ddŵr i falu'r gwenith.

'Roedd y dyffryn yn enwog am ansawdd ei goed, yn enwedig coed deri, a ddefnyddid yn helaeth yn iard llongau Porthmadog i adeiladu

Salem, the chapel, nestles amongst the trees on the banks of the river Artro, just more than a mile from the village of Llanbedr which is on the A496 between Barmouth and Harlech in the county of Gwynedd. Its full name is Salem Cefncymerau. For visitors travelling by rail, the Cambrian Coast Rail boasts a station at Llanbedr where the historical visit can begin.

Cefncymerau was originally the name of Robert and Anne Wynne's farm, but as the area developed, it adopted the name of the farm. The name Cefncymerau is divided into *Cefn*, meaning 'back' or 'ridge', and *Cymerau*, the 'confluence' or 'meeting place' of the rivers Artro and Nantcol.

Ever since the picture was painted in 1908, Cefncymerau and the Chapel have become the venue of a sentimental pilgrimage for thousands of travellers, the number increasing year by year. After leaving Gwynfryn village, at a fork in the road turn right, cross the stone bridge and turn sharp left, over the cattle grid and past stone cottages on your right. This was the site of Capel Rhwng-y-Ddwy-Bont where the Baptists met before Salem was erected. Some fifty yards ahead, on your left, stands Salem, looking like a row of cottages, as if in an attempt to conceal its real identity.

It is a picturesque area with pleasant paths through meadow and forest, and two rivulets passing through enchanting forest glades. This natural beauty, and the kindly nature of the inhabitants, served to attract visitors, even at the close of the 19th century, and among its visitors of note at the turn of the century were the Fabian Society, including George Bernard Shaw, and later Dr Dale, the eminent Birmingham theologian.

Film producers later saw the advantages of filming in the locality, and parts of the films *Elephant Boy* and *Red Beret* were filmed here, near Cwmbychan. The old Llanfair Slate Quarries attract many visitors, but Cefncymerau is still a strong attraction for those seeking an insight into the past.

In the plain unadorned little chapel which never closes its doors, one can revel in the peace and solitude, perhaps conduct a simple service and imagine communion with Siân Owen and her fellow worshippers of yesteryear.

The renowned musician Meirion Williams of Dyffryn Ardudwy was very fond of rambling along the paths of Cwmnantcol, and one of his well-known vocal compositions, *Sul y Blodau* (Palm Sunday), was inspired by words from *Perlau'r Ffriddoedd* (Pearls of the Pastures) by the poet John Evans.

According to Parish Vestry minutes, bridge building in the area began in 1807 when a footbridge was built near Aberartro at the joint expense of the parishes of Llanenddwyn and Llanbedr. Beser and Cwmnantcol bridges were both erected in 1840.

At one time the tiny villages of Gwynfryn and Pen-y-bont in the Artro valley (Cwmbychan) were centres of cottage industries. Gwynfryn had a woollen factory, whilst craftsmen such as shoemakers, tailors, weavers and carpenters worked from their homes. Pen-y-bont, which was conveniently situated near the upper road to Harlech, boasted a prosperous smithy. The Harlech drovers used the Pen-y-bont smithy to shoe their cattle and horses on route to Dolgellau.

Until 1950 or thereabouts, the remains of the Wern Gron Tannery were still to be seen. It was so prosperous that leather merchants from London and Yorkshire made regular visits to Wern Gron to purchase their high quality output. As there were weavers in Gwynfryn, there had to be fulling mills nearby, and several were sited in the Artro valley. Agriculture and crop-growing being the basic industry of the area, there was a corn mill in the valley, driven by water power.

The valley was renowned for the quality of its timber, especially oak, which was used

pob math o longau yn y bedwaredd ganrif ar bymtheg. Dywed rhai fod llongau rhyfel wedi eu hadeiladu yno.

Tua diwedd y bedwaredd ganrif ar bymtheg a dechrau'r ugeinfed, adfywiwyd y diwydiant Manganis yn nyffrynnoedd Artro a Nantcol, lle'r oedd cyflenwadau mawr o'r mwyn. Denodd y diwydiant lawer o fwynwyr o Sir Fflint,

ac arhosodd llawer ohonynt yn y plwyf. Cariwyd y mwyn mewn wagenni i Orsaf Pensarn, a'i gludo i ddiwydiant gwydr St. Helen, Swydd Gaerhirfryn. Yn anffodus, cynyddodd costau cynhyrchu a chludiant a methodd y cwmnïau gystadlu â datblygiad y diwydiant tramor, a chaeodd y pyllau i gyd.

Salem – Calendr Digwyddiadau

1820 Dechrau achos y Bedyddwyr yng Nghefncymerau, cartref Robert Wynne.

1823 Bedyddio'r aelodau cyntaf.

1826 Addolwyr yn cyfarfod yn Rhwng-y-Ddwy-Bont.

1828 Sefydlu'r Parch. John Pritchard, y gweinidog cyntaf yn Rhwng-y-Ddwy-Bont.

1846 Ymddeoliad y Parch. John Pritchard.

1847 Sefydlu'r Parch. William Evans (y Clocsiwr) yn Weinidog. Prynu prydles darn o dir Robert Wynne.

1850 Agor y Salem cyntaf ar y safle presennol.

1851 Marw Robert Wynne, Cefncymerau Isaf.

1860 Estynnwyd Salem. Ad-drefnu'n fewnol. Ychwanegu Mans.

1863 Marw Tomos Tomos, aelod cyntaf Salem.

1889 Diwedd gweinidogaeth y Parch. William Evans. Rhif aelodaeth ar ei fwyaf.

1895 Marw'r Parch. William Evans. Sefydlu J. Dugain Williams, Athrofa Llangollen, yn Weinidog.

1896 Sefydlu'r Parch. George Williams yn Weinidog.

1897 Sefydlu'r Parch. H. Davies Jones yn Weinidog.

1906 Ymweliad cyntaf Curnow Vosper â'r ardal.

1907 Codi cangen yn Llanbedr (y Capel Bach).

1908 Curnow Vosper yn paentio *Salem*.

1909 Arddangos *Salem* yn yr Academi Frenhinol.

1916 Ymddeoliad y Parch. H. Davies Jones.

1922 Sefydlu'r Parch. D. Wynne Williams yn Weinidog.
Eglwys y Dyffryn yn uno â'r ofalaeth.
Marw Rhobet Williams, Cae'r Meddyg.

1927 Marw Siân Owen, Ty'n y Fawnog.

1933 Marw Laura Williams, Ty'n y Buarth.

1946 Ymddeoliad y Parch. D. Wynne Williams.
Marw Mary Rowlands.

1948 Penodi Mrs Janet W. Hayward yn Ysgrifenyddes.

1950 Dathlu Canmlwyddiant Salem. Gosod trydan yn y Capel.

1952 Eglwys Abermaw yn uno â'r ofalaeth.
Sefydlu'r Parch. E. George Rees, Coleg y Bedyddwyr, Bangor, yn Weinidog ar y pedair Eglwys.

1956 Y Parch. E. George Rees yn symud i Bentraeth a Llanfair M.E., Sir Fôn

1963 Marw Evan Edward Lloyd yn Llanberis.

1966 Apêl ariannol lwyddiannus er mwyn ail-doi'r Capel.

1967 Ailagor y Capel.
Sefydlu'r Parch. W. Idris Selby yn Weinidog.

1976 Marw'r Parch. Evan Rowlands.

extensively in Porthmadog shipyards for the construction of ships for the Royal Navy in the 19th century.

During the 19th century and early 20th century there was a revival of the Manganese ore industry in the Artro and Nantcol valleys, which boasted rich deposits. The industry attracted many Flintshire miners who eventually settled in the parish. Ore was conveyed by horse drawn waggons to Pen-sarn station, its main destination being the St Helen's glass industry (Lancashire). However, increasing production and transport costs, and the development of the industry abroad, resulted in the closure of the mines.

Salem – A Calendar of Events

1820 Baptist cause formed at Cefncymerau, home of Robert Wynne.
1823 First members baptised.
1826 Worshippers met at Rhwng-y-Ddwy-Bont.
1828 Installation of Rev. John Pritchard as the first Minister at Rhwng-y-Ddwy-Bont.
1846 Retirement of Rev. John Pritchard.
1847 Installation of Rev. William Evans (the Clogmaker) as Minister.
Land leased by Robert Wynne for the building of a new chapel.
1850 Opening of Salem on the present site.
1851 Death of Robert Wynne, Cefncymerau Isaf.
1860 Extending Salem. Interior redesigned. Addition of Manse.
1863 Death of Thomas Thomas, Salem's first member.
1889 End of Ministry of Rev. William Evans. Membership at its peak.
1895 Death of Rev. William Evans.
Installation of J. Dugain Williams, Llangollen Theological College, as Minister.
1896 Installation of Rev. George Williams as Minister.
1897 Installation of Rev. H. Davies Jones as Minister.
1906 First visit of Curnow Vosper to the area.
1907 Building of Branch Chapel at Llanbedr (y Capel Bach).

1908 Painting of *Salem* by Curnow Vosper.
1909 *Salem* exhibited at the Royal Academy.
1916 Retirement of Rev. H. Davies Jones.
1922 Installation of Rev. D. Wynne Williams as Minister.
Dyffryn Chapel becomes part of the Joint Pastorate.
Death of Robert Williams, Cae'r Meddyg.
1927 Death of Siân Owen, Ty'n y Fawnog.
1933 Death of Laura Williams, Ty'n y Buarth.
1946 Retirement of Rev. D. Wynne Williams. Death of Mary Rowlands.
1948 Mrs Janet W. Hayward appointed Church Secretary.
1950 Salem Centenary Celebrations. Electricity installed.
1952 Abermaw Chapel becomes part of the Joint Pastorate.
Installation of Rev. E. George Rees, Bangor Baptist College as Minister of the four Chapels.
1956 Rev. E. George Rees moves to Pentraeth and Llanfair M.E., Anglesey.
1963 Evan Edward Lloyd died in Llanberis.
1966 Successful appeal to finance reroofing of Salem.
1967 Reopening of Chapel.
Rev. W. Idris Selby installed as Minister.
1976 Death of Rev. Evan Rowlands.

Newydd gychwyn yr oedd y bedwaredd ganrif ar bymtheg pan sylwodd ardalwyr Llanbedr, Meirionnydd, fod dieithryn yn eu plith, wedi ei wisgo'n wahanol i'r lleill a bod ganddo dafodiaith ryfedd. Ni welwyd rhyw lawer ohono'n gyhoeddus, fel pe bai am ymguddio rhag y byd, ac nid oedd yn barod i fanylu am y gorffennol.

Yn ôl ei edrychiad a'i arferion, cyn-forwr oedd. 'Roedd Prydain a Ffrainc yn rhyfela'n erbyn ei gilydd ym 1804, gyda llynges Nelson yn rhoi crasfa ar ôl crasfa i'r Ffrancod. 'Roedd bywyd yn y llynges yn greulon, a chan mai cael ei gipio i wasanaethu Nelson oedd ei anffawd yn y lle cyntaf, mae lle i gredu mai aros am gyfle i ddianc o'i long a wnaeth y gŵr dieithr.

Llanc ugain oed ydoedd, yn ateb i'r enw Tomos Tomos. Tybed os ffoadur oedd, ai dyna'i enw iawn? Er mwyn cuddio hunaniaeth, y peth cyntaf a wna ffoadur yw newid ei enw. Ond, cafodd ffugenw gan frodorion Llanbedr — 'Twm yr Hwntw'.

Gwyddys iddo ddod i Lanbedr ym 1804 o Bontbren-araeth, pentref bychan rhyw ddwy filltir i'r dwyrain o Landeilo. Cafodd waith gyda Richard Evans y crydd, a oedd yn aelod yn un o eglwysi J. R. Jones, Ramoth. Yn ddiau clywodd Twm yr Hwntw lawer am Fedyddwyr pan ddeuai'r Parch J. R. Jones, Ramoth, ar daith fugeiliol i weithdy'r crydd.

Bu Tomos Tomos bron ugain mlynedd cyn cael ei fedyddio, a digwyddodd hynny ym 1823 pan aeth ef a Siôn Llwyd y teiliwr bob cam i Ddolgellau, pellter o bymtheng milltir, a chael llwyr ymdrochiad gan y Parch. Dafydd Richard, Capel Judah. Dyna nhw felly, y ddau aelod cyntaf yn Eglwys y Bedyddwyr yng Nghapel Rhwng-y-Ddwy-Bont.

Er nad oedd yn llythrennog iawn, yng nghwrs y blynyddoedd daeth yn ysgrythurwr da — a chanddo adnod wrth law i 'brofi'r peth'. Gallai fod yn fachog a gwreiddiol ei sylwadau, a cheir rhai o'i ddywediadau ar dudalen 76. Hoffai'n fawr gael cais i weddïo, a chyfrifai hi'n deyrnged arbennig os câi gymryd rhan fore a nos. Pan fyddai'r bregeth wrth ei fodd, mynnai borthi'n aml, a hynny ar ei draed, hyd nes i bregethwyr gwâdd gredu mai ar ei draed y byddai'n gwrando pregeth bob amser.

Treuliodd drigain mlynedd hapus yn yr ardal, a bu farw ym mwthyn Rhwng-y-Ddwy-Bont, yn agos i fan cychwyn achos Salem. Claddwyd ef ym mynwent Salem ar 15 Mawrth 1863. Yn bendant, creodd y ffoadur o'r De gryn dipyn o argraff ar fywyd Llanbedr.

Thomas Thomas – Salem's First Member

The 19th century had barely begun when the natives of Llanbedr, Merioneth, realised that there was a stranger in their midst, in unusual dress and with a strange dialect. He did not appear in public a great deal, as if he wanted to conceal himself, and was reluctant to discuss his past.

His appearance and habits confirmed that he had been a mariner. Britain and France were at war in 1804, with Nelson's Navy crushing the French in encounter after encounter. Naval life was cruel, and as he had probably been 'press-ganged' into the Navy in the first place, there is credence in the belief that he could have 'jumped ship' at the first opportunity.

A young man of twenty, he answered to the name of Thomas Thomas. It is a matter of conjecture, if he was 'on the run', as to whether that was his real name! In order to conceal his real identity, he would surely have adopted a false name. However, the natives of Llanbedr did assist by giving him a nickname — 'Twm yr Hwntw' — Tom the Southman.

It is said that Thomas came to Llanbedr in 1804 from Pontbren-araeth, a hamlet two miles east of Llandeilo. He found employment with Richard Evans the Cobbler, who was a member of one of the churches of the Rev. J. R. Jones, Ramoth. Thomas certainly heard a great deal about the Baptist cause when the Rev. Jones stayed with Richard Evans during his pastoral visits.

It was almost twenty years before Thomas decided to be baptised into the faith, when he and Siôn Llwyd the tailor walked the fifteen miles to Dolgellau where they received baptism by total immersion through the Rev. Dafydd Richard of Judah. Thomas Thomas and Siôn Llwyd were therefore the first members of Rhwng-y-Ddwy-Bont Baptist Chapel.

Although he was not very literate, in the course of time he became well-versed in the Scriptures, and could quote spontaneously to prove a point. He could be both cutting and original, and some of his expressions are described on page 77. Thomas loved being asked to lead the congregation in prayer, and considered it a great honour to do so during morning and evening services. He would stand in responding, if pleased with the sermon, so much so, that visiting preachers thought that he always stood during the service.

After 60 happy years in the area, he died in Rhwng-y-Ddwy-Bont cottage, close to where the Salem Baptist cause was formed, and was interred at Salem Churchyard on 15 March, 1863. The renegade from the South had certainly made an impact on life in Llanbedr.

Cychwynnodd achos y Bedyddwyr yng Nghefncymerau, cartref Robert ac Anne Wynne, ym 1820, pan ddeuai'r Parch. Evan Jones, Dolgellau, i'r ardal yn achlysurol, a phregethu yno. Yn fuan wedyn trwyddedwyd y tŷ fferm ar gyfer pregethu, a chaed pregethwyr yno o bell ac agos. Ar ôl i Siôn Llwyd y teiliwr, a Tomos Tomos y crydd (Twm yr Hwntw — y 'Southman') gael eu bedyddio yng nghapel Judah gan y Parch. David Richard, Robert Wynne, ei wraig Anne, a Marged Parry oedd y cyntaf i gael eu bedyddio yn afon Artro. Mewn amser, aeth yr addolwyr yn fisol i Ddolgellau, ar droed neu ar gefn ceffyl, i'r Gwasanaeth Cymun.

Cynyddodd yr addolwyr yn gyson, ac erbyn 1826 cyfarfu'r achos yn rheolaidd mewn bwthyn o'r enw Rhwng-y-Ddwy-Bont a fu gynt yn gartref ysbrydol i'r Methodistiaid Calfinaidd a'r Wesleyaid, trwy garedigwydd y teulu Wynne. Ym 1828 atebodd y Parch. John Pritchard, Pwllheli, a ordeiniwyd ym 1796, yr alwad i fod yn Weinidog cyntaf yr achos, gan aros yno hyd 1846. Yn ôl yr arfer, 'roedd hefyd yn grefftwr — gwehydd yn ystod yr wythnos a gweinidog ar y Sul. Erbyn hyn rhifai'r aelodau 15, gyda llawer o 'wrandawyr', a deuai rhai o Harlech, Llanfair a Dyffryn Ardudwy. Yn ystod ei gyfnod yn Rhwng-y-Ddwy-Bont, codwyd i'r Weinidogaeth fab fferm o Landanwg o'r enw Dafydd Jones, a ddaeth yn bregethwr amlwg iawn yn Solfach a Felinganol, Sir Benfro.

Ei olynydd ym 1847 oedd y Parch. William Evans, mab i Weinidog Bedyddwyr Garn Dolbenmaen, Sir Gaernarfon. Adwaenid ef hefyd fel William Evans y Clocsiwr, gan mai gwneuthurwr clocsiau oedd ei alwedigaeth arall. Toc, daeth dymuniad iddynt godi eu capel eu hunain. Prydleswyd darn o dir iddynt gan y teulu Wynne ar gost blynyddol o swllt (pum ceiniog) am 999 mlynedd, ar gyfer adeiladu capel a mynwent. Yn ôl yr arfer gwnaethpwyd y mwyafrif o'r gwaith drwy lafur cariad, ac 'roedd y Salem cyntaf yn barod ym 1850, ar draul o £50, gyda dyled o £20 yn unig yn aros.

Cerddai'r addolwyr o'u ffermydd wrth olau lampau storm, a lampau olew a roddai oleuni y tu mewn i Salem. Am flynyddoedd ni fu unrhyw ddull o wresogi'r capel, hyd nes cyflwyno stôf seml dân coed a glo wedi 1860. Fel y cynyddai'r aelodaeth, bu'n rhaid ystyried ad-drefnu eto, ac ym 1860 bu'n rhaid helaethu'r capel at ei ffurf bresennol, gan ychwanegu galeri, a Mans ar gyfer y Gweinidog. Ym 1850, 'roedd y seddau'n wynebu'r drws, gan mai yno 'roedd y pulpud, ond ym 1860 newidiwyd safle a ffurf y pulpud — un ar gynllun 'blwch tyst' mewn llys barn — a throwyd y seddau i'w wynebu. Yn ail-agoriad 1860, gwasanaethwyd yn y cyfarfodydd gan y Parchedigion H. Morgan (Dolgellau), Robert Jones (Llanllyfni) H. C. Howells (Pwllheli) a John Roberts (Pont-llyfni).

Llewyrchodd yr achos, gyda gwasanaethau bore a hwyr, ac Ysgol Sul i blant ac oedolion yn y prynhawn. Byddai'r teuluoedd yn cerdded tua phum milltir i'r oedfa foreol, ac yn aros i'r cyfarfodydd prynhawn a nos, gan ddod ag ymborth gyda nhw neu gydfwyta'n gynnil gyda'u cydaelodau yn eu cartrefi. Mwynhawyd y Sabath, gan ei fod yn ddiwrnod ysgrythurol, diwylliannol a chymdeithasol, ac oherwydd mai ar y Sul yn unig y câi'r tyddynwyr gyswllt â'r byd y tu hwnt i'w cartrefi.

Gwasanaethodd William Evans yn orchestol am ddeugain mlynedd hyd 1889, pan gyrhaeddodd yr aelodaeth ei huchafbwynt o 70, gydag Ysgol Sul o 64 a 9 athro. Myfyriwr oedd y Gweinidog nesaf, sef John Dugain Williams, ond byr iawn fu ei dymor yma ym 1895. Dilynwyd ef gan y Parch. George Williams ym 1896, bachgen 25 oed, a locsen ddu-las ganddo, ond ychydig fisoedd fu ei arhosiad ef hefyd. Cafwyd gweinidogaeth gref o 1897 hyd 1916 o dan ofalaeth y Parch. H. Davies Jones, pryd yr adeiladwyd cangen yn Llanbedr.

The Baptist cause began in Cefncymerau, the home of Robert and Anne Wynne, in 1820, when the Rev. Evan Jones, Dolgellau, occasionally visited the locality and preached there. Soon after, the farmhouse became licensed for religious purposes, ministers travelling from far and wide. After Siôn Llwyd the tailor and Thomas Thomas the cobbler (Twm yr Hwntw — the Southman) were baptised in Judah Chapel by Rev. David Richard, Robert Wynne, his wife Anne, and Marged Parry were the first to be baptised in the river Artro. Soon, the worshippers made monthly journeys to Dolgellau, on foot or on horseback, for the Communion Service.

The number of worshippers steadily increased, and by 1826 the cause met regularly in the cottage named Rhwng-y-Ddwy-Bont (between the two bridges), previously the spiritual home of Calvinistic Methodists and Wesleyans, by courtesy of the Wynne family. In 1828, Rev. John Pritchard, Pwllheli, who was ordained at Tyddyn Siôn in 1796, accepted the call to become their first Minister. According to custom he was also a craftsman, being a weaver during the week and the Minister on the Sabbath. By this time membership had increased to 15, with many additional 'listeners', some travelling from Harlech, Llanfair and Dyffryn Ardudwy. During his period at Rhwng-y-Ddwy-Bont, he prepared for the Ministry a farmer's son from Llandanwg, Dafydd Jones, who became a prominent preacher at Solfa and Felinganol (Middle Mill), Pembrokeshire.

His successor in 1847 was the Rev. William Evans, the son of the Garn Dolbenmaen Baptist Minister, Caernarfonshire. He was familiarly known as William Evans the Clog-maker, as that was his supplementary occupation. Soon there was a strong desire to build their own chapel. Land was leased by the Wynne benefactors, the ground rent being one shilling a year (five pence) for 999 years, in order to construct a chapel and graveyard. As

was the custom, most of the building was by labour of love, and the first Salem was ready for worship by 1850 at a cost of £50, with a debt of only £20 outstanding.

Storm lamps were used by groups of family worshippers as they walked from their farms, whilst oil lamps provided light within Salem. For years there was no heating until a primitive wood-burning or coal-burning stove was introduced after 1860. As membership increased, changes became necessary, and in 1860 Salem was extended to its present form to include a gallery, and a Manse for the Minister. In 1850, the pews faced the door as the pulpit was located there, but in 1860 a pulpit in the form of a witness box was added in its present position, and pews readjusted to face the pulpit. In the reopening of 1860 the Revs H. Morgan (Dolgellau), Robert Jones (Llanllyfni), H. C. Howells (Pwllheli) and John Roberts (Pontllyfni) participated in the services.

It was a thriving Baptist Chapel with morning and evening services, and an after-noon Sunday School for adults and children. Families would often walk five miles or more to the morning service and remain for after-noon and evening services, bringing refresh-ments with them or be entertained by chapel members, albeit frugally, in their homes. The Sabbath was a scriptural, cultural and social day, much enjoyed, as many members were poor, hardworking smallholders who had little contact with village life, except on Sundays.

William Evans ministered faithfully for 40 years until 1889, when membership reached its peak of 70 regular worshippers, with a Sunday School of 64 pupils and 9 teachers. John Dugain Williams, a student, was the next Minister, but his stay was brief during 1895. He was succeeded in 1896 by Rev. George Williams, a handsome young man of 25, with long black locks, but his ministry only lasted but a few months. The Rev. H. Davies Jones ministered staunchly from 1897 until 1916. During this period a branch chapel was built at Llanbedr.

Cychwynnwyd achos y Gangen (y Capel Bach), Llanbedr, ym 1907 o dan ofal gweinidog Salem. Erbyn 1926, yn ôl dyddiadur Undeb y Bedyddwyr, 'roedd rhif yr aelodaeth yn 34, gyda 38 yn yr Ysgol Sul. Un o selogion yr achos oedd Mr John, Prifathro ysgol y pentref, yn wreiddiol o Borth Tywyn, Sir Gaerfyrddin. Bu'n ddiwyd iawn yn holl weithgareddau'r Capel, gan sicrhau bod mwyafrif o blant yr ysgol ddyddiol yn mynychu'r Ysgol Sul yn gyson. Yn rhyfedd iawn 'doedd dim pulpud yn 'y Capel Bach' hyd 1953, pryd y gwnaethpwyd bwrdd Cymun a phulpud, gan ddefnyddio pren rhai o seddau'r capel, gan Oscar Williams, saer coed lleol, ac yn ôl pob tebyg yn aelod yn 'y Capel Bach'.

Wedi ymddeoliad y gweinidog ym 1916, bu Salem heb dywysydd am chwe blynedd cyn galw'r Parch. D. Wynne Williams i fugeilio'r ddwy eglwys ac eglwys y Dyffryn o 1922 hyd 1946.

Bu cyfnod eto heb weinidog, a gwelwyd angen ymestyn yr ofalaeth i gynnwys eglwys Abermaw, er mwyn cynnal gweinidog yn anrhydeddus, a galwyd E. George Rees o Goleg Bedyddwyr Bangor, yn Weinidog ym 1952. Cafwyd gweinidogaeth lewyrchus nes iddo symud i Bentraeth, Sir Fôn, ym 1956. Yna gwelwyd cyfnod o un mlynedd ar ddeg heb fugail, ond trwy ysbrydoliaeth a dyfalbarhad yr ysgrifenyddes, Mrs Janet W. Hayward, llwyddwyd i gynnal gwasanaeth bob Sul gyda chydweithrediad gweinidogion o bob enwad. Ym 1967 cymerodd y Parch. W. Idris Selby,

Dolgellau, Salem o dan ei adain, a cheir oedfa brynhawn am yn ail gyda'r 'Capel Bach', Llanbedr.

Yn wahanol i amryw o gapeli'r enwad, 'does dim bedyddfan yn Salem, a bedyddir yn afon Artro, ychydig gamau o Salem. Mae'r garreg fawr uwchben y llyn â'r geiriau 'BEDYDD LYN' arni i'w gweld o hyd. Mae hen addoldy Rhwng-y-Ddwy Bont yno hefyd, heb newid rhyw lawer drwy'r blynyddoedd. Fe'i gwelir ar y llaw chwith, cyn cyrraedd yr alch greaduriaid ar eich ffordd yn ôl i'r pentref.

Ym 1950 dathlwyd canmlwyddiant y Capel pan bregethwyd gan y Parch. Evan Rowlands (y pregethwr dall), a selogion eraill, a gosodwyd trydan ar gyfer goleuo a gwresogi gan y Bonwr R. T. Cooke, Neuadd Aberartro.

Mae teulu Mrs Janet Hayward, yr ysgrifenyddes bresennol, wedi cyfrannu'n helaeth at lewyrch ysbrydol Salem drwy'r blynyddoedd. Fe'i penodwyd i'r swydd ym 1948, yn olynydd i'w thad, y diweddar Evan Bennet Richards, a fu'n ysgrifennydd am bron 50 mlynedd, ac yn ddiacon, cyhoeddwr a chodwr canu, yn dilyn ei dad yntau, Evan Richards, a oedd yn flaenor am gyfnod hir. Arferai gerdded dros y Grisiau Rhufeinig, drwy Gwmbychan, o'r Graig Ddu, Trawsfynydd, i'r moddion yn y cysegr ar lan afon Artro. Mae'r Gymdeithas Fedyddiedig yn ddyledus iawn i'r teulu am gynnal a chadw'r achos am gyfnod mor hir.

The branch chapel (*Capel Bach*) Llanbedr, was built in 1907, the Rev. H. Davies Jones being its Minister. According to Baptist Union records in 1926, *Capel Bach* had 34 members, and a Sunday School of 38. Mr John, the village schoolmaster, and a native of Burryport, Carmarthenshire, was one of its most ardent worshippers. He was active in every aspect of the chapel's activities, and ensured that the majority of the day school's pupils also regularly attended Sunday School. Strangely enough, Capel Bach had no pulpit until 1953, when Oscar Williams, the local carpenter, constructed a Communion table and pulpit, utilising the wood from some of the chapel pews.

After the Minister's retirement in 1916, Salem was without a pastor for six years until the Rev. D. Wynne Williams accepted a call to minister both churches and Dyffryn Chapel from 1922 until 1946.

Another period without a minister followed, and the need was seen to extend the pastorate to include Abermaw Chapel, and Rev. E. George Rees of Bangor Baptist College, accepted the call to serve the area in 1952. His ministry was very prosperous until he moved to Pentraeth, Anglesey, in 1956. For eleven years the flock was without a shepherd, but through the inspiration and perseverance of the secretary, Mrs Janet W. Hayward, services were held almost every Sunday with the co-operation of local Ministers of all denominations. In 1967 Rev. W. Idris Selby of

Dolgellau took Salem under his wing, and afternoon services are now held on alternate Sundays with the *Capel Bach*, Llanbedr.

Unlike many Baptist Chapels, Salem has no baptistery, baptisms taking place in the river Artro, just below Salem. The large stone bearing the words 'BEDYDD LYN' (BAPTISMAL POOL) may still be seen above the pool, whilst the old chapel, Rhwng-y-Ddwy-Bont, is virtually unchanged through the years, and can be seen, on your left, just before the cattle-grid as you return to the village.

In the 1950 Centenary Services, sermons were delivered by Rev. Evan Rowlands, Dolgellau (the blind preacher) and other Baptist dignitaries, and electricity for heating and lighting was installed through the generosity of Mr R. T. Cooke, Aberartro Hall.

The family of the present Secretary, Mrs Janet Hayward, has contributed greatly to the spiritual prosperity of Salem. In 1948 she succeeded her late father, Evan Bennet Richards, who had been Secretary for almost half a century, and a deacon, announcer and precentor, following his father, Evan Richards, a deacon for many years. His family would walk across 'Y Grisiau Rhufeinig' (Roman Steps) through Cwmbychan from Graig Ddu, Trawsfynydd, to the Sanctuary on the banks of the river Artro. The Baptist Cause is deeply indebted to this family for ensuring its continuation over a long period.

Un disgybl ac un athrawes./One pupil and one teacher.

Mrs Bet Williams oedd yr athrawes, a Rhiannon Jones Tŷ Capel, y disgybl. 'Roedd Robert, gŵr Mrs Williams, yn ŵyr i Robet Williams, Cae'r Meddyg, ac yn drysorydd y capel, yr un fath â'i daid. Deuddeg oed oedd Rhiannon pan dynnwyd y llun, ac 'roedd yn ferch i'r diweddar Mr a Mrs Ben Jones, Tŷ Capel, a fu'n geidwaid Salem am 26 o flynyddoedd.

Mrs Bet Williams was the teacher, and Rhiannon Jones, Chapel House, the pupil. Robert, Mrs Williams' husband, was the grandson of Robert Williams, Cae'r Meddyg, and the chapel Treasurer, as was his grandfather. Rhiannon was twelve when the photograph was taken, and is the daughter of the late Mr and Mrs Ben Jones, who were Salem's caretakers for 26 years.

Salem o'r pulpud – sylwer ar y grisiau i'r oriel yn y cefn, ar y dde.
Salem from the pulpit – note the staircase to the gallery, back right.

Cyn amser Curnow Vosper, 'roedd seddau'r Capel yn llawn o addolwyr, gyda theuluoedd o wyth i ddeg o blant, a sedd fawr yn llawn o ddiaconiaid. Gwisgai'r gwragedd benwisg-oedd bychain â ffriliau gwynion a sgertiau hyd y llawr, a'r dynion hetiau silc a chlos pen-glin. Teithiai'r ffermwyr a'u gweision a'u morynion filltiroedd ar hyd llwybrau lleidiog anwastad, ond cedwid y traed yn sych a chynnes gan esgidiau hoelion y dynion ac esgidiau lledr uchel y gwragedd.

Ar un adeg 'roedd hen wraig o'r enw Betsi Robat yn mynychu'r oedfaon yn ffyddlon, gan eistedd wrth ymyl y pulpud. Codai yn awr ac yn y man i roi mintys poethion i'r gennad!

Aelod arbennig arall oedd Tomos Tomos, y soniwyd amdano eisoes. Er na fedrai ddarllen, 'roedd ganddo adnod i dorri pob dadl. Mewn cyfeillach un tro, cynghorodd Tomos ei weinidog, William Evans, i weiddi'n uwch wrth bregethu. "Nid oes adnod yn gorchymyn gweiddi," meddai'r gweinidog. "Wel, oes," atebodd Tomos, " 'Llefa â'th geg, nac arbed, dyrchafa dy lais fel utgorn'."

'Roedd y Parch. William Evans yn gymeriad doniol, rhyfedd. Cynghorai bobl ifanc y Capel i ymgyfeillachu ymysg ei gilydd — byddai hynny'n sicrhau aelodau parhaol i'r dyfodol! Cafodd y Parch. William Evans a'i briod feddrod o fewn pum llath i ddrws y capel a agorwyd ganddo filwaith ar ei ffordd i'r oedfa, ac ar ei garreg fedd gwelir yr englyn hwn:

Dau dawel hyd eu diwedd — dau uniawn,
Dau annwyl mewn rhinwedd,
Dau o wir barch a roed i'r bedd,
Dau ganant mewn cyd-ogonedd.

Yn y ganrif ddiwethaf 'roedd y gweddiwyr yn lluosog a huawdl. Gweddïai un hen frawd yn aml am ugain munud, gan ddisgrifio'r Nefoedd fel 'lle crand — y gwaith fel gwaith edau a nodwydd, yn gywrain a hamddenol.'

Beth a ddywedai'r ffyddloniaid cynnar pe gwelent ddifaterwch ac anobaith yr oes hon? Diolchwn fod mintai fechan eto'n dal eu gafael ar y pethau gorau. Derbyniwn fendith pan fydd dim ond 'dau neu dri'n ymgynnull yn Ei Enw Ef'.

Before Curnow Vosper painted *Salem*, the pews were packed with worshippers, families of 8 or 10 children, and an impressive number of deacons. The ladies wore white-frilled bonnets and full-length skirts, and the men knee-breeches and silk hats. Farmers' families, with their farm-hands and maidservants, walked miles along muddy, uneven paths, but the men's hobnailed boots, and the ladies' high 'lace-up' leather boots kept their feet dry and warm.

During one period, an old lady named Betsi Roberts was a regular worshipper, sitting directly under the pulpit. She would frequently stand during the service and hand the Minister an 'extra strong peppermint'!

Another eccentric member was Thomas Thomas the ex-mariner. Although he was illiterate he could quote from the Scriptures to settle all arguments. Once during a Fellowship meeting, he advised the Minister to raise his voice while preaching. "There is no reference in the Scriptures for the need to shout", replied the Rev. William Evans. "Well, yes," retorted Thomas, " 'Cry aloud, spare not, lift up thy voice like a trumpet' ".

The Rev. William Evans was a strange, humorous character. He even advised the younger church members to associate with each other — that would ensure continued membership for the future!

The Rev. William Evans and his wife are buried within five yards of the chapel door he must have opened a thousand times on his way to the service. On the tombstone appears an *englyn* as their epitaph:

Two whose years were tranquil, — two
who were
Dear, just and virtuous;
Two who were laid in the grave,
Two who sing in the Glory.

One old member, after 1908, with a twinkle in his eye said that it was easy to identify the Devil's features in the shawl if you knew him well, whereas innocent folk had great difficulty in recognising him!

During the last century worshippers would pray eloquently and at length. One brother would often pray for twenty minutes, describing Heaven as a 'grand place — worked like fine needlework, skilful and leisurely'.

What would the faithful of those early days think if they could witness the despair and apathy of this age? We give thanks that a steadfast few still hold dear the best things in life. We are blessed when but 'two or three are gathered together in His name'.

Bedydd Lyn

(An account by visitors from Banstead, Surrey, in 1961).

I wonder if any of our readers know what these words mean? We found them carved on a mossy boulder on the brink of one of the most beautiful and rocky river valleys of Wales.

A few yards higher up, the river Artro tumbles over rocks and mossy stones, but here it is considerably quieter, and one or two rocks form steps to the river.

If you climb up rather precipitately for fifty feet or more immediately above this boulder, through the trees, ferns and rocks, you will come upon a little Welsh Baptist chapel.

It was here that we worshipped during our holiday, and were given such a warm welcome. They sang most of the hymns in English for our benefit, and on one occasion the preacher gave his sermon in English for us too.

This little place of worship was built of local rock over a hundred years ago by the members themselves at a cost of about £100. I asked the lady with whom we were staying (who is the secretary of the church), whether they had a baptistery there. "Oh no," she said, "we baptise in the river!"

How Scriptural, we thought! And that is how we discovered the boulder with the words BEDYDD LYN which means Baptism Pool.

Sometimes they have to dam up the river to make the water deep enough, and it is within living memory that the ice has had to be broken before the baptisms could take place.

The witness of this little community in the Welsh mountains is surely an inspiration to us all, and we salute the stalwarts who maintain the Baptist cause there.

Cais i Gadw Salem – 1966

Drwy ei ddarlun byd-enwog *Salem*, anfarwolodd Curnow Vosper gapel bach Cefncymerau, Llanbedr, Meirionnydd, ond nid yw enwogrwydd y capel o angenrheidrwydd yn sicrhau parhad yr Achos yno. Dibynna hyn ar y gweddill ffyddlon o bedwar ar ddeg o Fedyddwyr sy'n aros lle bu gynnau bedwar ugain. Arnynt hwy y mae'r cyfrifoldeb a'r anrhydedd o sicrhau fod addoli yn parhau yng Nghapel Cefncymerau, ac na ddirywia'r lle i fod yn ddim mwy na Meca i bererinion misoedd yr haf. At hynny, ni byddai'r capel bach ar lannau afon Artro ar gael fel cyrchfan yr ymwelwyr chwaith, oni bai fod y gweddill ffyddlon yn ddiweddar wedi penderfynu gwario mil o bunnoedd i achub yr adeilad a anfarwolwyd gan Vosper.

Y mwyaf eiddgar o ffyddloniaid Cefncymerau sy'n benderfynol yw Mrs Janet Hayward. Hi yw ysgrifennydd yr apêl a wneir ar ran cronfa'r mil punnau. Ni welais erioed ysgrifennydd mwy ymroddgar a thalentog na Mrs Hayward. Yn sicr, haedda hon lwyddiant ar ei hymdrechion. Diau y bydd cartref Mrs Hayward yn Rock House, Gwynfryn, Llanbedr, fel offis am rai misoedd fel y daw rhoddion o bedwar ban y byd. Y mae miloedd na welsant erioed Gapel Cefncymerau sydd ganddynt gongl cynnes iddo yn eu calonnau.

Aeth dyfroedd lawer heibio dan bont Beser er pan godwyd Capel presennol Cefncymerau ym 1850. Ychydig a feddyliodd yr hen saint y deuai eu cysegr i gymaint o enwogrwydd. Efallai mai llun ar bared, a deunydd gwibdaith yn yr haf yw *Salem* i'r mwyafrif ohonom, eithr ni ellir llai nag edmygu plwc y gweddill ffyddlon yng Nghefncymerau. Felly, os yw campwaith Vosper gennych ar y mur, cofiwch gronfa'r capel bach yn eich calon.

(Allan o *Yr Herald Cymraeg*)

Preserving Salem – 1966

Through his world-renowned painting *Salem*, Curnow Vosper immortalised the little chapel at Cefncymerau, Llanbedr, Merioneth, but the fame of the chapel does not of necessity ensure the continuation of the Cause. This depends on the remaining faithful fourteen Baptists, where once there were eighty. They bear the responsibility of ensuring that the privilege of worshipping at Cefncymerau continues, and that it does not deteriorate into merely a Mecca for pilgrims during the summer months. The little chapel on the banks of the river Artro would not even remain a visitors' attraction had not the loyal worshippers recently resolved to spend a thousand pounds to preserve the structure, made famous by Vosper.

The most zealous of Cefncymerau's faithful is determined Mrs Janet Hayward. She is the secretary of the £1,000 appeal fund. I never knew a more dedicated and talented secretary. Her endeavours certainly deserve success. Mrs Hayward's home at Rock House, Gwynfryn, Llanbedr, will be transformed into an office for the next few months as donations arrive from the four corners of the earth. There exist thousands, who have never seen Cefncymerau Chapel, who yet have a reverence for it in their hearts.

Much water has flowed under Beser bridge since the present chapel was erected in 1850. Little did the original saints imagine that their shrine would achieve such fame. *Salem* may perhaps be merely a painting on a wall, or the reason for a summer excursion for the majority of us, but we cannot but admire the pluck and tenacity of the remaining faithful members at Cefncymerau. If you have Vosper's masterpiece on your wall, please remember the little chapel's appeal fund in your heart.

(From an article which appeared in *Yr Herald Cymraeg*)

Fe gyfranogwyd o hanes yr wythnos ddiwethaf wrth i ni yrru'r car i fyny rhan isaf Cwm Nantcol hyd at Gapel Salem. Ymestynnodd dros ganrif o'r Eglwys Fedyddiol yng Nghymru i lawr at ein hysgwyddau wrth i'r organydd G. Jones Griffiths o Lanbedr ein denu ar yr organ tra oedd y gynulleidfa'n ymgasglu. 'Roedd y capel yn daclus, yn dwt, yn olau ac yn ysgafn, wedi ei ail-doi a'i addurno o'r bron, ac fe'i agorwyd drachefn gyda gweinidogion o'r gwahanol enwadau yn uno mewn gwasanaeth o fawl.

Gwenodd y Parch. Evan Rowlands, Dolgellau, yn ei sbectol dywyll, yn hynaws ar draws y capel distaw gan ddwysáu'r disgwyliad. 'Roedd pedair lamp olew yn cystadlu yn erbyn y goleuadau trydan — a chamerâu'r B.B.C. Ychwanegodd y tiwlip pinc a'r iris glas liw i'r olygfa. Ar y mur, 'roedd llun cyfarwydd byd-enwog y capel gan Vosper, ac o amgylch, y rheilen a fu un amser yn dal cotiau tywyll a hetiau'r diaconiaid hynafol. Fe deimlwyd eu bod nhw yno'n syllu'n foddhaol ar y gynulleidfa fodern liwgar. Efallai iddynt gyflwyno'u bendithion eu hunain ar y cynulliad.

Safodd y Parch. Evan Rowlands, a dim ond tipiadau'r cloc a ymyrrodd â'r darlleniad Braille o'r Ysgrythur, a'r gweddïau a ddilynodd. Y Parch. Idwal Wynn Jones, Porthmadog, a arweiniodd y gwasanaeth. Y trysorydd, Robert Williams, ŵyr Rhobet Williams, Cae'r Meddyg, a aeth â ni'n ôl dros hanes y capel presennol, a godwyd ym 1850, gyda'r Parch. William Evans yn weinidog

cyntaf. Gwelodd Mr Williams y brwdfrydedd a ddangoswyd i gadw'r capel ar agor yn arwydd da o ffydd. Dywedodd Mrs Janet Wyn Hayward, yr ysgrifenyddes, fel y dechreuodd y glawogydd ddod i mewn ym 1966. "Disgwyliwch bethau mawr gan Dduw," meddai, a phethau mawr a ddaeth yn ddiamheuol, a heddiw gall y gynulleidfa edrych gyda balchder ar gapel annwyl, unig Cefncymerau, Llanbedr, sy'n rhydd o ddyled.

Y gost oedd dros £1000. Mewn ysbryd doniol, deniadol, darllenodd Mrs Hayward sawl llythyr a ddaeth â rhoddion oddi wrth gapeli bach gyda chynulleidfaoedd llai hyd yn oed.

Pregethodd y Parch. M. J. Williams, gan ddyfynnu Dr William Temple; "Yr Eglwys yw'r unig Gymdeithas Gydweithredol sy'n bodoli er mwyn y rhai na sy'n aelodau," a chynorthwyodd John Hughes, Llywydd Undeb Bedyddwyr Fflint, Dinbych a Meirion, yn y gwasanaeth. Y Parch. W. Idris Selby, a fu'n weithgar gyda'r Parch. Idwal Wynn Jones yn sefydlu'r gronfa apêl, a roddodd y fendith.

Aethom allan i'r heulwen gan deimlo bendith ac ymgodiad o gael cyffwrdd yn dirion â hanes pur crefydd yng Nghymru. Tybed a oedd y ddau blentyn, y ferch mewn cwrel a gwyrdd, a'r bachgen mewn siwt a sanau llwyd golau, yn sylweddoli eu rhan mewn carreg filltir arall yn hanes Capel Salem Cefncymerau.

(Allan o *Yr Herald Cymraeg*)

We partook of history last week when we drove up the lower reaches of the Cwm Nantcol valley to Capel Salem. Over a century of the Baptist Church in Wales reached down and touched our shoulders as organist G. Jones Griffths of Llanbedr played, and the congregation gathered. Trim, neat, light and airy, the newly re-roofed and re-decorated chapel was reopened with a service attended by ministers of other denominations.

The Rev. Evan Rowlands, Dolgellau, wearing dark glasses, smiled benignly across the still chapel and heightened the drama. Four oil lamps vied with the age of the electric lights — and the BBC cameras. Pink tulips and blue irises added colour to the scene. On the wall was the familiar, world-famous painting of the chapel by Vosper, and all round, the coat hanging rail, at one time holding dark coats and hats belonging to ancient deacons. One sensed them peering down with quiet acclaim on this modern, colourful congregation. Perhaps they bestowed their own blessings on the gathering.

The Rev. Evan Rowlands stood, and only the ticking of the clock intervened with the Braille reading of the Scriptures and prayers which followed. The Rev. Idwal Wynn Jones, Porthmadog, conducted the service. Treasurer Mr Robert Williams, grandson of Rhobet Williams, Cae'r Meddyg, recounted the story of the present chapel, built in 1850, with the Rev. William Evans its first minister. Mr Williams saw the enthusiasm shown in keeping the chapel open as a good sign of faith. Mrs Janet Wyn Hayward, secretary, told how the rain started to come in during 1966. "Expect great things from the Lord," she said, and great things undoubtedly came, and the congregation can look with pride upon this isolated and well-loved chapel of Cefn-cymerau, Llanbedr, which is free of debt.

The cost was over £1,000. With a delightful sense of humour, Mrs Hayward read several letters which had accompanied donations from small chapels with even smaller congregations.

The Rev. M. J. Williams preached and quoted Dr William Temple: "The Church is the only Co-operative Society which exists for the non-members" — and Mr John Hughes president of the Flint, Denbighshire and Merioneth Baptist Union, also assisted at the service. The Rev. W. Idris Selby, who with the Rev. Idwal Wynn Jones, had been responsible for setting up the appeal fund, concluded the service.

We returned to the sunlight feeling blessed and uplifted at our gentle touch with pure Welsh religious history. We wondered if the two children, girl in coral and green, boy in fawn socks and suit, realised their part in another milestone for Capel Salem Cefn-cymerau.

(From an article which appeared in *Yr Herald Cymraeg*)

Rhoi Siôl Siân Owen yn ôl i Salem

(Y siôl y bu bron iddi â'i gwisgo yn y darlun)

gan

Ernest Jones

Aeth 69 mlynedd heibio er pan fu Curnow Vosper yn Salem Cefncymerau, yn creu ei gampwaith, ac nid yw'n hawdd cael y stori'n iawn am y siôl a wisgai Siân Owen o Dy'n y Fawnog, prif gymeriad y llun *Salem*. Yn ystod ei hoes bu Siân yn preswylio mewn chwech o gartrefi, ond ar drothwy drws Ty'n y Fawnog efallai y gwelodd Curnow Vosper hi wrth gerdded o Frynhyfryd at Salem.

Mae siôl wreiddiol Siân Owen i'w gweld yn llun yr *Herald* heddiw — y siôl sydd ar gefn Mrs Hayward, ysgrifenyddes Salem Cefncymerau, ac y mae'r siôl ar ysgwyddau Mrs Hayward am fod y Parch. Ganghellor J. H. Williams, Dyffryn Ardudwy (cyn-Reithor Llanberis a Ficer Caernarfon) wedi cyflwyno'r siôl i Salem. Daeth siôl Siân Owen i feddiant Mr Williams yn laslanc pymtheg oed. Cyflwynwyd hi iddo gan Morris Griffith Williams, brawd Siân Owen, masnachwr glo a hen lanc, a ymgartrefodd gyda nain y brodyr Williams a'i chwaer Eleanor, Mrs Catherine Roberts yn 'Pengwern Isaf'. 'Roedd y Canghellor Williams yn frawd i Meirion Williams, y cerddor enwog.

Hon yn ddiau oedd siôl bersonol Siân Owen, ond credir nad oedd hi'n ddigon 'swel' gan Vosper, a bod yr arlunydd wedi cael benthyg siôl 'grandiach' gan wraig offeiriad Harlech er mwyn i Siân Owen ei gwisgo pan oedd Vosper yn gwneud y llun. Mae rhai pobl yn mynd mor bell â chredu mai ffuantrwydd y siôl a fenthyciwyd oedd y rheswm fod wyneb y Diafol ei hun wedi ymddangos yn y llun.

Mae'r rhan fwyaf ohonom wedi gweld y llun arall gan Vosper, yn portreadu Siân Owen ar fin cychwyn i'r farchnad. Craffwch eto ar y llun *Diwrnod Marchnad yn yr Hen Gymru* ac fe welwch mai yn ei siôl werinaidd bob dydd y mae Siân Owen — ac nid yw'r Diafol ar gyfyl y llun.

'Does neb a ŵyr erbyn hyn ym mhle mae'r siôl fenthyg 'Baisli' a roes dipyn o 'steil' (T. Rowland Hughes) i Siân Owen yn y llun, ond y mae siôl barchus wreiddiol y wraig o Dy'n y Fawnog wedi dod yn ôl i ardal Salem. Hon yn siŵr oedd gan Siân Owen pan ddechreuodd Vosper ar y llun yn yr hen gapel.

Nid yw mor 'grand' â'r siôl a welir yn y campwaith, ond y mae'n fwy credadwy fel siôl hen wraig Ty'n y Fawnog. Yn y llun gwelir Mrs Hayward yn gwisgo'r siôl am ben hen ddillad Cymreig o eiddo'r teulu, dillad yr ymddangosodd Mrs Hayward ynddynt mewn pasiant hanesyddol yn Theatr Ardudwy.

(Ymddangosodd yr erthygl hon gan Ernest Jones yn *Yr Herald Cymraeg* ym 1977)

82

The Return of Siân Owen's Shawl to Salem

(The shawl she almost wore in the painting)

by

Ernest Jones

Sixty-nine years have passed since Curnow Vosper visited Salem Cefncymerau, to create his masterpiece, and it is not easy to discover the truth concerning the shawl worn by Siân Owen, Ty'n y Fawnog, the principal character of the painting *Salem*. During her life Siân had lived in six homes, but Curnow Vosper could have seen her on the threshold of Ty'n y Fawnog as he walked from Brynhyfryd to Salem.

Siân's original shawl is to be seen in today's *Herald* — the shawl worn by Mrs Hayward, secretary of Salem Chapel, Cefncymerau. The shawl graces Mrs Hayward, as the Rev. Chancellor J. H. Williams, Dyffryn Ardudwy (former Rector of Llanberis and Vicar of Caernarfon) has presented it to Salem. Siân's shawl came into the possession of the Rev. Williams at the age of fifteen, when it was presented to him by Morris Griffith Williams, Siân Owen's bachelor brother, a coal merchant who lodged with the maternal grandmother of the Williams brothers and their sister Eleanor, Mrs Catherine Roberts of Pengwern Isaf. Chancellor Williams was the brother of Meirion Williams, the renowned musician.

Without doubt, this was Siân's own shawl, but it is believed that it was not sufficiently colourful for Vosper and that he borrowed a more attractive shawl from the Vicar of Harlech's wife, for Siân to wear during the painting. Some go as far as to believe that the Devil's appearance in the painting was due to the insincerity of the borrowed shawl.

The majority of us have seen Vosper's other painting, portraying Siân Owen about to set out for market. Examine the painting *Market Day in Old Wales* again, and you will see that Siân wears her everyday shawl — and there is no trace of the evil one.

No one knows what happened to the borrowed Paisley shawl that gave Siân style in the painting, but her own original Sunday shawl has returned to Salem. This might well have been what she wore when Vosper began the painting in the tiny chapel.

It is much plainer than the shawl seen in the masterpiece, but it looks more like that worn by the old lady of Ty'n y Fawnog cottage. In the photograph Mrs Hayward wears the shawl over old Welsh clothes, her family possessions, that she appeared in when presenting a historical pageant at Theatre Ardudwy, Harlech.

(This article appeared in *Yr Herald Cymraeg* in 1977)

Gwibdaith ysgol i ymweld â Salem

gan

Della Williams

'Roedd hi'n fore Gwener tesog ym mis Gorffennaf a ninnau, yn blant, athrawon a rhieni, yn cychwyn ar ein gwibdaith flynyddol, addysgiadol wrth gwrs, i gyfeiriad y Gogledd. Wedi treulio rhan o'r tymor yn dysgu mai darn o farddoniaeth ac ynddo bedair llinell ar ddeg oedd soned, mai Curnow Vosper oedd arlunydd y llun enwog *Salem*, a chan mai 'Salem' o waith T. Rowland Hughes oedd y soned y buom yn ei hastudio, hawdd iawn oedd dewis cyrchfan gwibdaith y flwyddyn honno.

'Doedd y syniad o ymweld â chapel ddim yn dderbyniol iawn ar y cychwyn, gan mai Saeson oedd y mwyafrif o'r plant, a 'doedd mynychu capel ddim yn rhan o'u traddodiad nhw beth bynnag. Ond ar ôl trafod ac ymgynghori ymysg ein gilydd bod Salem yn gapel hanesyddol ac unigryw, boddhawyd pawb, ac aethom yno'n frwdfrydig.

Wrth i ni ymlacio yn seddau moethus y bws, mwynhau rhyfeddodau'r mynyddoedd yn eu mentyll o rug porffor, ac ambell smotyn gwyn lle porai dafad yn ymddangos yma ac acw, wedyn cyfeirio at ein llyfryn i chwilio'r mannau pwysig a oedd wedi eu tanlinellu ar fap, dyma ni'n agosáu at Lanbedr. Trodd y bws i'r dde gan adael y ffordd fawr i ymlwybro ar hyd lôn gul droellog, a phawb yn ymdawelu. Dyma'r adrenalin yn dechrau llifo wrth i bawb sylweddoli ein bod ni yna!

Yn sydyn, arhosodd y bws, ac 'roedd yn rhaid i bawb ddisgyn a cherdded y gweddill o'r daith. 'Roedd hi'n bum munud i ddeuddeg, ein hamser priodol i gyrraedd, a dyma'n cwmni bach ni'n cerdded yr ychydig lathenni olaf i fyny rhiw Cefncymerau tuag at Salem, y capel bach.

Dyma floedd! "Miss, mae Siân Owen yn aros amdanon ni!" Syfrdanwyd pawb wrth inni weld y wreigan osgeiddig yn ei gwisg Gymreig, yn union fel Siân Owen, yn ein disgwyl wrth ddrws y capel. Cawsom groeso twymgalon ganddi, ac 'roedd yr ias a'r wefr a deimlwyd gan bawb wrth droedio ar flaenau'n traed i seddau'r capel bach cysegredig, enwog, yn brofiad bythgofiadwy.

Ai Mrs Janet Hayward, ysgrifenyddes y Capel, wedi ei gwisgo fel Siân Owen, neu blant Ysgol Trefeurig a gafodd y wefr fwyaf ar y funud honno? Oedd, yr oedd mynd i Salem i rannu'r profiad gwerthfawr, a pharchu rhan o'n hetifeddiaeth ar yr un pryd, yn ddigwyddiad hynod o gyffrous.

A School Visit to Salem

by

Della Williams

It was a sunny July morning, and we, children, teachers and parents, were setting off on our annual school trip, educational of course, northwards. Having spent some time learning that a sonnet was a poem of fourteen lines, that Curnow Vosper was the painter of the famous *Salem*, and because 'Salem' by T. Rowland Hughes was the sonnet we had studied, it was easy to decide on the destination of that year's trip.

The idea of visiting a chapel was not very acceptable initially, since the majority of the children were English by birth, and going to chapel was not part of their tradition. But after consultation and discussion amongst ourselves, that Salem was unique as an example of a historical chapel, everyone agreed, and we eventually went on our journey enthusiastically.

We relaxed in the comfort of our coach, stared at the mountains clad in their cloak of purple heather, with an occasional speck of white, where sheep grazed appearing here and there, referred to our booklets to find the places of importance that had been underlined on the map, and soon found ourselves approaching Llanbedr. The coach turned off the highway, on to a narrow meandering country lane, and the noise on the coach ceased. The adrenalin began to flow as we realised that we had actually arrived.

Suddenly, the coach stopped, we disembarked, and had to walk the rest of the way. It was 5 minutes to 12 — exactly on time — and we expectantly walked the remaining few yards up Cefncymerau hill towards Salem the little chapel.

There was a spontaneous cry! "Miss! Siân Owen is waiting for us!"

We were amazed to see a graceful lady in Welsh costume, the image of Siân Owen, greeting us at the door. Her warm welcome put us at ease, and the awe and thrill we felt as we tiptoed into the pews of the sacred little chapel was a never to be forgotten experience.

Was it Mrs Janet Hayward, the Church secretary dressed as Siân Owen, or the children of Trefeurig School who had the greatest thrill at that moment? Yes, it certainly was worthwhile visiting Salem, to share a valuable experience, and to pay tribute to part of our heritage!

Salem 1990

gan

Janet W. Hayward

Ers rhai blynyddoedd bellach mae Capel Bach Llanbedr wedi bod dan ofal Eglwys Salem. Dau aelod yn unig sydd yno. Er sicrhau cadw'r drws yn agored cynhelir gwasanaeth yn Llanbedr a Salem, ar yn ail. Yr un yw'r Gweinidog, yr un yw'r gynulleidfa. Rhydd hyn sicrwydd na werthir y Capel Bach i bwrpas arall. Gofid yw gweld eglwys yr enwad yn y Bermo erbyn hyn yn lle marchnad. Erbyn heddiw mae Eglwys y Dyffryn wedi ei haddasu yn gartref dymunol — diolch am hynny.

Llwyddiant y ddwy eglwys fach, Salem a Llanbedr, yw ffyddlondeb yr aelodau i'r Gweinidog, y Parch. W. Idris Selby, a'i ofal diflino am ei braidd. Ym 1989 bu'r ddwy eglwys yn dathlu hanner can mlynedd y Parch. W. Idris Selby yn y Weinidogaeth. Treuliwyd prynhawn hyfryd ger y traeth, a mwynhau pryd o fwyd blasus yn y gwesty gerllaw. Yna troi tua Salem i oedfa bregethu. Y Parch. Idwal Wynn Jones, Llandudno, oedd y gŵr gwâdd, a chawsom oedfa i'w chofio. Dwy eglwys fach sy'n meddwl am FYW, ac nid am FARW.

Salem 1990

by

Janet W. Hayward

For some years the chapel at Llanbedr has been part of the joint-pastorate with Salem. Its membership consists of two. In order to ensure that its doors remain open for worship, services are held alternately with Salem. It has the same Minister and the same congregation! This gives the assurance that the little chapel will never be disposed of for other purposes. It is a cause for concern that the Baptist Chapel at Barmouth has become a market place. We give thanks that, although Dyffryn is no longer a chapel, it has been converted into a beautiful home.

The prosperity of the two chapels, Salem and Llanbedr, is due to the loyalty of the members to their Minister, and his untiring efforts on behalf of his flock. In 1989 both chapels united to celebrate the 50th anniversary of Rev. W. I. Selby's ministry. A pleasant afternoon was spent at the seaside, followed by a delightful meal at a nearby hotel. We then adjourned to Salem, where the guest preacher, Rev. Idwal Wynn Jones, Llandudno, conducted a Special Service, one we shall always remember. Two little churches, intent on LIVING, not DYING.

Dywedir fod Cwmnantcol hyd yn oed yn fwy prydferth uwchben Salem Cefncymerau. Mae iddo gysylltiadau hanesyddol, oherwydd, mewn pant ar y llaw dde, lle daw'r ffordd i ben, mae Maesygarnedd, cartref y Cyrnol John Jones (1597-1660), a enillodd glod ac enwogrwydd anffodus.

Oherwydd nad ef oedd mab hynaf y teulu, fe'i danfonwyd i Lundain i chwilio am ei ffortiwn. Erbyn 1639 daethai yn ysgolhaig Lladin, astudiodd y Gyfraith, ac fe'i cyflogwyd i wasanaethu Syr William Middleton, a roddodd iddo diroedd eang yn yr hen Sir Feirionnydd. Ym 1642, fe'i penodwyd yn Gapten Milwyr Traed ym Myddin y Senedd, yn erbyn y Brenhinwyr.

Ymladdodd yn Sir Fôn ym 1646 fel Cyrnol Gwŷr Meirch, ac fe'i penodwyd yn Aelod Seneddol dros Sir Feirionnydd ym 1647. Wrth i'r ail Ryfel Cartref ddechrau ym 1648, ymunodd eto â'r fyddin er mwyn rhoi taw ar gefnogwyr y Frenhiniaeth yng Ngogledd Cymru, cyn dychwelyd i Sant Steffan fel aelod o'r Llys Barn. Ef oedd un o'r Barnwyr cyntaf i lofnodi gwarant dienyddio'r Brenin, Siarl y Cyntaf, ym 1649.

Ym 1656 priododd ei ail wraig Katherine, gweddw, a chwaer i Oliver Cromwell (daeth hyn â thipyn o amarch iddo yn y man), a blwyddyn yn ddiweddarach, rhoddodd Cromwell iddo'r teitl 'Arglwydd Jones', a gwnaethpwyd ef yn Gomisiynydd dros Iwerddon. Ym 1660 fe'i restiwyd ar gyhuddiad o deyrnfradwriaeth. Fe'i rhyddhawyd ar fechnïaeth, ac aeth yn ôl i Gymru lle paratôdd am ei dynged drwy ffurfio Cronfa Ymddiriedaeth i'w fab.

Wrth iddo fynd yn ôl i Lundain, fe'i restiwyd eto ar gyhuddiad o Deyrnladdiad. Er iddo wynebu ei gyhuddwyr gydag urddas, fe'i cafwyd yn euog, ac fe'i dienyddiwyd ar 17 Hydref, 1660.

'Roedd yn ŵr crefyddol yn y gwraidd, a chyfathrebodd â Vavasor Powell ac eraill o'r Mudiad Piwritanaidd yng Nghymru. Yn ei anterth, bu'n dirfeddiannwr cyfoethog iawn yn Iwerddon a Chymru, a bu'n weinyddwr medrus iawn.

Pe bai John Jones Maesygarnedd wedi cymryd y fforch chwith o'i gartref yn lle'r fforch dde, a phe na bai ei dad wedi ei gymell i chwilio am ei ffortiwn ar strydoedd Llundain, ni fyddai hanes Prydain wedi bod yr un peth, ac efallai y byddai John Jones wedi cael bywyd heddychlon a marwolaeth dawel.

Llungerfiad allan o Gwrthryfelwyr nid Seintiau, *1661.*
An engraved portrait taken from Rebels not Saints, *1661.*

The valley of Cwmnantcol is even more picturesque beyond Salem Cefncymerau. It has historical connections, for in a hollow, on the right as the road comes to an end, Maes-ygarnedd is situated, the home of Colonel John Jones (1597-1660) who achieved fame and notoriety.

As he was not the eldest son, he was sent to London to seek his fortune. By 1639 he had become a Latin scholar, studied Law, and was in the service of Sir William Middleton, who gave him large areas of land in the old county of Merioneth. In 1642 he became an infantry Captain in the service of Parliament against the Royalists.

He fought in Anglesey in 1646 as a cavalry Colonel, and became an M.P. for Merioneth-shire in 1647. When the second Civil War broke out in 1648, he returned to the Army to quell the Royalists of North Wales, before returning to Westminster as a member of the Court of Justice. As a judge he was one of the first to sign the death warrant of King Charles I in 1649.

In 1656 he married his second wife Katherine, a widow (and a sister of Oliver Cromwell, an act which was to bring him into disfavour), and one year later he was given the title of Lord Jones by Cromwell, and became Commissioner for Ireland. Then, in 1660, he was arrested on a charge of treason, released on bail, and returned to Wales where he anticipated his fate by establishing a Trust Fund for his son.

On returning to London he was arrested on a charge of Regicide. Although he faced his accusers with dignity, he was found guilty and executed on 17 October, 1660.

Basically, he was very religious, and corresponded with Vavasor Powell and other Puritan leaders in Wales. He had become a rich landowner in Ireland and Wales, and was a skilful administrator.

Had John Jones, Maesygarnedd, taken the left fork from his home instead of the right, and had his father not compelled him to search for gold on the streets of London, British history might not have been the same, and John Jones could well have had a peaceful life and death.

Mae Maesygarnedd, y ffermdy lle ganed y Cyrnol John Jones a Siân Owen, wedi ei leoli ym mhen uchaf Cwmnantcol, y dyffryn cul lle llifa afon Nantcol ar ei ffordd i ymuno ag afon Artro wrth bont Beser. Gwelir y Garnedd hynafol a roddodd yr enw i'r ffermdy mewn cae gerllaw.

Rhaid teithio rhyw bum milltir ar hyd ffordd gul, droellog o Lanbedr cyn cyrraedd Maesygarnedd, a heibio i'r ffermdy 'does dim ond llwybr garw drwy fwlch prydferth iawn sydd wedi cysylltu arfordir Harlech a Thrawsfynydd am ganrifoedd. Hi yw'r unig ffrm sy'n gweithio yn rhannau uchaf y dyffryn, bro a ddioddefodd ddiboblogi llym oherwydd newidiadau economegol. Ffermir Maesygarnedd gan deulu o Gymry glân, ond nid oes cysylltiad rhyngddynt a llinach John Jones na Siân Owen. Dywedir i'r ffermdy gwreiddiol gael ei godi yn y bymthegfed ganrif, ac mae Cofrestri'r Plwyf o'r ail ganrif ar bymtheg ymlaen yn dangos ei bod yn ffrm gynhyrchiol, oherwydd iddi gynnal teuluoedd mawr.

Ganed John Jones tua 1597, yn un o deulu o chwe mab a thair merch i Thomas ap John ap Ieuan ap Huw, ac Ellen Wynne o Lanbedr, y ddau yn perthyn i foneddigion Sir Feirionnydd. Ganed Siân Owen yma ym 1837, ond y mae'n annhebyg ei bod yn hanu o'r un gwreiddiau â John Jones.

Yn ôl *Cylchgrawn Cymdeithas Hanes Meirion* ym 1953, ceid grisiau troellog o gerrig yn arwain o'r gegin, ac ym muriau trwchus un o'r ystafelloedd gwely ceid ystafell gudd, a drws arall yn arwain ohoni. Yn ôl hanesion a drosglwyddwyd o genhedlaeth i genhedlaeth, gallai enwogion fod wedi llochesu yn y noddfa hon rhag eu herlidwyr. Y tu ôl i'r ffermdy 'roedd allandy ac adfeilion adeilad a allai fod wedi cartrefu teuluoedd cyfain a oedd yn perthyn i'w gilydd — rhyw fath o 'fyw ar y cyd'.

Ffermdy Maesygarnedd, Cwmnantcol, cartref y Cyrnol John Jones, a man geni Siân Owen.
Maesygarnedd farmhouse, Cwmnantcol, home of Colonel John Jones, and birthplace of Siân Owen.

Maesygarnedd, the farmhouse that witnessed the birth of Colonel John Jones and Siân Owen, is to be found in the upper reaches of Cwmnantcol, the narrow valley through which the river Nantcol flows on its way to join the Artro beneath Beser bridge. The pre-historic Cairn (*carnedd*) which gave the farm-stead its name may be seen in an adjoining field.

Maesygarnedd lies at the end of a narrow winding road five miles from Llanbedr, but beyond lies a rough path through a beautiful pass which for centuries connected the Harlech coast with Trawsfynydd inland. It is now the sole remaining working farm in the upper reaches of a valley that has suffered severe depopulation because of economic changes. The Welsh-speaking farming family, natives of the area, are not related to Col. John Jones. It is reputed that the original farmhouse was built in the 15th century, and Parish Registers for the 17th onwards indicate that it must have been a productive farm, as it supported large families.

John Jones, born about 1597, was one of a family of six sons and three daughters of Thomas ap John ap Ieuan ap Huw and Ellen Wynne of Llanbedr, both parents being connected with noble families of Merioneth. Siân Owen was born here in 1837, but it is improbable that there was a link between her and John Jones.

According to the Merioneth Historical Society's publications for 1953, the original Maesygarnedd featured a spiral stone staircase, and a bedroom in the massive walls of which there was an inner room and yet another door. Tales handed down through the centuries claim that notabilities could well have used this recess as a refuge from their pursuers. Behind the house there was an outhouse and a ruined building that could have accommodated inter-related families — members of the Jones clan.

Norah Isaac, am ysbrydoliaeth, a'r cyflwyniad.

Janet W. Hayward, Llanbedr, am gymorth gwerthfawr.

Parch. E. George Rees, Benllech, am gyfarwyddyd.

Y Prifardd Alan Llwyd, Felindre, am gyfieithiadau a chyngor cyson.

Victor John, Penlle'rgaer, am y cyflwyniad.

Y Prifardd Dic Jones, Blaenannerch, am 'Y Gamp' a'r cyfieithiad.

Rhiannon Davies Jones (Porthaethwy), Peter Lord (Cwmrheidol), Dyfed Evans (Pwllheli), D. Tecwyn Lloyd (Corwen), a Della Williams (Aberystwyth) am ysgrifau.

Richard Lewis ac Alun Jenkins, y Llyfrgell Genedlaethol, Aberystwyth.

Y diweddar Evie Lloyd, Cyffordd Llandudno, am fanylion am ei dad, Evan Lloyd.

Y diweddar Hywel Harries, Aberystwyth, am gael cynnwys ei fersiwn o *Salem*.

Mr a Mrs Trefor Davies, Abertawe, am gael cynnwys *Salem* (Hywel Harries).

Mrs Brenda Moss, a David F. C. Vosper (Llanymddyfri) am wybodaeth am ei dad.

Orielau ac Amgueddfeydd Glannau Merswy (Oriel Gelf Arglwyddes Lever, Port Sunlight), am *Salem* a lluniau eraill.

Amgueddfa Genedlaethol Cymru, Caerdydd, am *Diwrnod Marchnad yn yr Hen Gymru* a lluniau Curnow Vosper a T. Rowland Hughes.

Niclas Walker, Amgueddfa Werin Sain Ffagan, am wybodaeth am 'Y Wisg Gymreig'.

Christopher Davies, Abertawe, am fanylion o *Welsh Costume* (Ken Etheridge).

Ann Rhydderch, Archifdy Meirion, am lun y Cyrnol John Jones, a gwybodaeth amdano.

Gwasg Gee, Dinbych, am ganiatâd i ddefnyddio 'Salem' a 'Steil'.

Meic Stephens, Caerdydd, am ei gyfieithiad o ''Milltir Sgwâr' Rhobet Wilias'.

Geoffrey Charles (Y Rhyl) am gymorth gyda'r lluniau.

Parch. W. Idris Selby (Dolgellau) am ei ddiddordeb.

Parch. J. G. E. Watkin (Cyffordd Llandudno) am wybodaeth fanwl am y Parch. Evan Rowlands.

Gwasg Gwynedd a G. Tecwyn Jones (Pwllheli) am englynion ar *Salem*.

Yr Herald Cymraeg a'r Genedl am ysgrif Ernest Jones ac eraill.

Y Cymro ac S4C am wybodaeth am *Salem* a'r 'Salem arall'.

Y Western Mail am yr hawl i ddefnyddio cynnwys erthyglau.

Country Quest, Gwilym Lloyd Humphreys (Llanfair), John Roberts Williams (Llanrug), Cyril Jones (Harlech), Mary Richards (Caernarfon), Gwilym Herber Williams (Craigcefn-parc), Swyddfa'r Urdd, Aberystwyth, Brynmor Jones (Beser), ac Eleanor Williams (Dyffryn Ardudwy).

Mrs Barbara Parry (Cae'r Meddyg), William Evans (Maesygarnedd), a Mr D. Cooke (Llanbedr) am luniau cartrefi.

Muriel Hughes ac Alun Davies, Clydach, am gymorth ymarferol.

Gerallt Llewelyn (Caernarfon) am lun 'Y Salem arall'.

Cwmni Lever, Llundain, am y darlun 'Sunlight Soap'.

Martin Eckley (Harlech) am lun T. Rowland Hughes.

Gwasg Taf ac Athrofa Gogledd-ddwyrain Cymru am rannau o *Prentis*.

The translations of 'Anfarwoldeb Siân Owen' (Rhiannon Davies Jones), 'Fy Narlun' (S. C. Vosper), 'The Influence of Salem' (Dyfed Evans), 'Could she be leaving?' (D. Tecwyn Lloyd), 'Rhoi siôl Siân Owen yn ôl i Salem' (Ernest Jones), and 'Gwibdaith ysgol i ymweld â Salem' (Della Williams), are by the author.

Ysgrifennwyd at eraill yn dymuno caniatâd i ddefnyddio'u gwaith, ond ni chafwyd ateb. Cymerwyd yn ganiataol, felly, eu bod yn

fodlon i'w gwaith ymddangos yn y llyfr. Ymddiheurwn am fod mor hy â gwneud hyn.

Myfi'n unig sydd i'w feio am unrhyw wallau a ddichon fod wedi llithro i'r gyfrol.

Diolch yn bennaf i Iris, fy ngwraig, am ei dygnwch a'i hamynedd, am ei gwaith gyda'r darluniau, ac am awgrymu a chywiro llawer yma a thraw.

Ffynonellau – Bibliography

Cân neu Ddwy — Gwasg Gee, Dinbych.
Cylchgrawn Cymdeithas Hanes a Chofnodion Sir Feirionnydd, 1953-56, Cyfrol 2.
Hanes Eglwys y Bedyddwyr Cefncymerau, Meirionnydd 1889-90.
Hanes y Bedyddwyr yng Nghymru, J. Spinther James.

Welsh Peasant Costume, gan F. G. Payne, yn *Folk Life*, Cyfrol 2 (1964).
Welsh Costume gan Ken Etheridge (Christopher Davies, Abertawe).

Ceir printiau lliw o *Salem* oddi wrth Oriel Arglwyddes Lever, Porth Sunlight, Bebington, Caergwrli, Glannau Merswy, L62 5EQ (051/6453623).

Coloured prints of *Salem* are available from the Lady Lever Art Gallery, Port Sunlight, Bebington, Wirral, Merseyside, L62 5EQ (051/6453623).

Ceir printiau lliw o *Diwrnod Marchnad yn yr Hen Gymru* oddi wrth Amgueddfa Genedlaethol Cymru, Parc Cathays, Caerdydd, CF1 3NP (0222/397951).

Coloured prints of *Market Day in Old Wales* are available from the National Museum of Wales, Cathays Park, Cardiff, CF1 3NP (0222/397951).

Ceir paciau tapestri o *Salem* a *Diwrnod Marchnad yn yr Hen Gymru* oddi wrth 'Morris the Realm', Highover, 29 Parc Wern Road, Sgeti, Abertawe, SA2 0SF (0792/299153).

Tapestry kits of *Salem* and *Market Day in Old Wales* are available from 'Morris the Realm', Highover, 29 Parc Wern Road, Sketty, Swansea, SA2 0SF (0792/299153).